A chi non conosce muri
A chi ama fare le valigie
A chi prova ancora la pelle d'oca
A chi sa che i viaggi non hanno una fine,
perché in fondo la curiosità non si ferma mai.

© 2021

SPORCATEVI DI TANTE STORIE

a cura di *Ilaria Proietti Mercuri*

Tutti i diritti riservati. Nessuna parte della presente pubblicazione può essere riprodotta, archiviata in un sistema di ricerca o trasmessa sotto qualsiasi forma o mezzo elettronico o meccanico, fotocopie, registrazioni o altro senza il permesso dell'autore.

Codice ISBN: 9798774398973
Casa editrice: Independently published
Stampato da Amazon

Impaginazione e composizione tipografica:
© Vincenzo Lioi

Design della copertina:
© Federica Giglio
Instagram: in.buona.fede

Ilaria Proietti Mercuri

SPORCATEVI DI TANTE STORIE

Viaggiare per il mondo ma anche dentro se stessi. Otto itinerari da Cuba a Berlino, da Miami Beach alla Tanzania, dal Cairo alla Repubblica Dominicana, dove la giovane autrice incrocia le storie degli altri, quelle più belle, le storie che curano l'anima.

"Viaggiare è cambiare opinioni e cancellare i pregiudizi, fare un bagno di umiltà". Una scrittura libera e fresca, come lo sono i suoi occhi e il suo sorriso.

Gianni Rivolta - giornalista e storico

Indice

INTRO 12

LA RAGAZZA CON IL VELO E DALLA VOGLIA DI VINO 15

FANGO E DESIDERI 30

I MURI NON HANNO MAI RESISTITO 42

MIAMI, E L'ALTRA MIAMI 57

LA PAURA È UNA PERDITA DI TEMPO 72

BIOLUMINESCENZA 86

IL VAGABONDO 104

BOMBARDAMENTI 121

COSPARGETEVI DI AZZARDI, ESPLODETE DI CURIOSITÀ 136

DEDICHE *138*

INTRO

Ci sono storie per cui vale davvero la pena scoprirne il finale. Come quando da bambini, curiosi, seguivamo con attenzione fino all'ultima parola le fiabe. La cui magia, stava nel fatto che ci rimanessero dentro, diventassero parte di noi.

Crescendo sembra che nessuno voglia più raccontarcele. O forse, siamo noi che non abbiamo tempo di ascoltarle. Ci illudiamo di non averne il bisogno. Eppure il mondo è pieno di racconti incredibili che, a qualsiasi età, possono aiutarci a crescere ancora un po'.

Ascoltare le storie degli altri vuol dire non perdere la speranza, trovare ispirazione, scoprire tanti punti di vista. Le storie degli altri le troviamo ovunque: pronunciate ad un pub, su una panchina, in una spiaggia. E se impariamo a coglierle, diventano anche le nostre.

Storie di ragazze con il velo che vorrebbero assaporare la libertà di indossare un bikini al mare. Storie di chi crede ancora nell'amore nonostante abbia vissuto in un paese dove hanno preferito alzare un muro piuttosto che costruire ponti. Storie di chi vive nel continente nero, non ha nulla, eppure sorride più di chiunque altro. O racconti di chi finisce dietro le sbarre e sa di aver sbagliato, ma ha solo bisogno di un po' di tenerezza.

E come i bimbi imparano che i mostri possono essere sconfitti, noi dalle storie, possiamo imparare che anche il razzismo, i pregiudizi e l'ignoranza possono fare la fine di quei mostri.

Di storie ne esistono infinite, e ognuna, rappresenta pezzi di ricordi che qualcuno sceglie di donarci: cercateli e conservateli.

Le storie più belle io le ho scoperte viaggiando. Ma soprattutto, viaggiando, ho imparato che non serve parlare la stessa lingua se poi il tramonto che vediamo è lo stesso. Ho capito che per stare bene bisogna conoscere, perché a non fare nulla, si rischia di sentirsi il nulla.

Nelle pagine che seguono, voglio raccontarvi alcuni di quegli istanti, luoghi, persone che mi hanno davvero curato l'anima.

Perché proprio le storie come cura per l'anima? Perché conoscere smuove le coscienze. Scoprire vuol dire superare le frontiere, anche quelle della mente. Viaggiare è cambiare opinioni e cancellare i pregiudizi. È una scuola di umiltà. È imparare a non giudicare un costume, una religione. Perché quella ragazza porta il velo? Ma avete mai provato a chiederglielo?

LA RAGAZZA CON IL VELO E DALLA VOGLIA DI VINO

Egitto, 2017

Ho scoperto, durante questo viaggio, davvero tanti tipi di donne. Quelle con il Niqab, il velo nero che copre tutto il corpo e lascia scoperti solo gli occhi. Quelle con il burqa, figlie di una comunità che non concede loro neanche di mostrare lo sguardo, coperto sempre da una retina. E nei quartieri più ricchi ho visto anche ragazze che, dai tratti orientali bellissimi e finalmente scoperti, ballavano con la mente lontana dai vincoli della religione.

Come arrivai al Cairo? Ero partita con un amico egiziano che da circa un anno si era trasferito in Italia. Mohamed, Mido per gli amici. Lo avevo conosciuto in un locale del Centro di Roma frequentato principalmente da stranieri. Da lì, avevamo passato talmente tante serate a discutere di veli, donne che per me non hanno diritti, mentre lui sosteneva fossero davvero libere di scegliere se portare il velo o meno. Litigate sul Corano, sul come potesse non mangiare una carbonara in nome di Dio. Insomma lo tartassavo di così tante domande che un giorno esasperato mi disse: «Io devo partire per due settimane. Vado a trovare i miei amici in Egitto. Perché non vieni anche tu così tutte queste domande le fai a loro?».

Mi sembrò fin da subito un'idea grandiosa. E così fu. Almeno per me. Mio padre invece, quando gli dissi che stavo per andare al Cairo con un certo Mohamed, cominciò a cercare per tutta casa il mio passaporto per strapparlo.

Non lo trovò. E così due settimane dopo salii su quell'aereo. Mido era già partito qualche giorno prima e quando arrivai venne a prendermi in aeroporto. Ero così impaziente di scendere che dimenticai lo zaino sul sedile dell'aereo, per fortuna, una hostess mi corse dietro urlando in arabo non ho idea di cosa, dall'espressione probabilmente erano insulti, ma la ringraziai comunque una decina di volte. Ripresi il mio zaino e piena di euforia uscii, vidi in lontananza Mido che mi chiamava con la mano da dentro un'auto, lo raggiunsi e ci avviammo verso il Cairo centro.

Ricordo benissimo l'odore delle spezie mischiato a

quello dello smog, i clacson suonavano ovunque, gli uomini passeggiavano con delle lunghe tuniche, di donne se ne vedevano pochissime, e la foto del Presidente Al Sisi spuntava in ogni strada e su ogni cartellone. Mancava un anno alle elezioni ma il simpatico dittatore aveva già calpestato ogni possibile candidato. Infatti l'anno successivo vinse con il 97% dei voti, bravo. Bravissimo. Campione di un regime che criminalizza ogni forma di dissenso. In questi anni ha costruito una quindicina di nuove carceri, riempite di attivisti, giornalisti, avvocati, sindacalisti, artisti, e tutto in nome del nazionalismo che continua a calpestare ogni libertà. Ma lo sfondo poco democratico di quella città, veniva spesso oscurato dalla bellezza del deserto e le sue piramidi.

Ero così incantata da tutto intorno a me che neanche mi accorsi di quando arrivammo in hotel. Parcheggiammo in doppia fila ed entrammo nella hall. Il proprietario era dietro la sua scrivania, chiese i miei documenti a Mido, come se io non fossi in grado di capirlo. Era un omone grosso e dalla carnagione scura, con una lunga tunica bianca e un segno rosso in fronte. Quel rossore, mi spiegò Mido mentre salivamo poi in camera, era buon segno.

«Vuol dire che prega molto, è fedele, e quando preghi per 5 volte al giorno tutti i giorni piegandoti sul tappeto, ti viene quel piccolo bernoccolo, si chiama zebība. Ho scelto quest'albergo anche per lui, mi fido di più di uomini così. Mi sembra sicuro come posto.».

Intanto arrivammo di fronte la porta della mia camera e aggiunse: «Allora ti lascio qui eh, vado a dormire a casa mia e domattina passo a riprenderti. Ti farei compagnia ma la stanza doppia si può prendere solo se si è sposati!», disse ridendo, e risi anch'io, consapevole con un velo di inquietudine, che era vero quello che mi aveva appena detto.

«Per qualsiasi cosa chiamami...»

«Stai tranquillo davvero, grazie e buonanotte!»

«Notte. Ah Ila un'ultima cosa! Chiuditi dentro.»

Così Mido aspettò che chiudessi la porta a chiave e poi andò via. Ero tranquilla, ma nel dubbio, oltre a dare quattro mandate misi la sedia contro la maniglia così che da fuori non si potesse aprire.

Mi buttai sul letto pensando a cosa mi aveva spiegato Mido poco prima: scegliere un hotel in base a quanto il proprietario sia fedele alla sua religione. Wow. Io di solito lo scelgo in base agli sconti di Booking.

Dopo questo pensiero profondo mi feci subito una doccia, utilizzando il tappetino che, lo scoprii solo il giorno dopo, loro utilizzano per pregare. Ancora oggi mi sento davvero in colpa. Però, io dico, quale occidentale vede un tappeto in camera e pensa di pregarci piuttosto che metterci i piedi? Almeno scrivetelo.

La mia serata finì nel letto a leggere un libro. Provai a guardare la tv, ma le soap opere in arabo non mi allettavano molto. La mattina seguente mi svegliò all'alba un megafono che annunciava l'inizio della prima delle cinque preghiere giornaliere. Due orette più tardi arrivò Mido con un suo amico a prendermi. Fermarono la macchina precisamente davanti la porta dell'hotel. Quando Mohamed mi vide, già pronta lì sotto ad attenderlo, uscì fuori urlando: «Che ci fai qui?»

«Come che ci faccio? Mi hai detto che stavi arrivando intanto sono scesa a prendermi un caffè e ad aspettarti!»

«Caffè? Aspettarmi? Ma che problemi hai? Ma l'hai capito dove siamo? Tu non devi fare un metro da sola! Esci dalla camera quando io sono arrivato su a prenderti!»

«Si ok, dai andiamo...»

«Non sto giocando!»

«Ok ho capito. Domani ti aspetterò su!».

Non capivo se fosse lui esagerato o quanto davvero fosse pericoloso quel posto. Mido con il broncio, io a mille, salimmo in macchina.

«Lui è il mio amico, si chiama Mohamed come me, non parla neanche Inglese quindi se devi dirgli qualcosa te la traduco io.» Disse con la voce di chi me l'avrebbe fatta pesare tutto il giorno.

«Okei. Allora dì al tuo amico: ammazza quanta fantasia avete qui con i nomi!»

«Non sei simpatica quindi non gli dirò un bel niente!» Che rosicone.

Comunque per facilitarvi il racconto, l'amico lo chiameremo Mohamed2. Magrolino, dietro a quegli occhiali da sole e i capelli legati da un codino, sorrideva sempre, anche quando non capiva cosa dicessimo io e Mido.

Con il sottofondo di una playlist tutta araba, quasi un'ora dopo arrivammo nella zona del Cairo Antico. Non era lontano. Ma il traffico era ovunque e a tutte le ore. Il navigatore alla partenza segnava 1 km 27 minuti. E io che mi lamento di Roma.

L'interminabile traffico però fu ripagato dalla bellezza di quel posto. Le vie erano strettissime e piene di bancarelle dai mille colori. Mohamed 1 e 2 camminavano davanti a me, io li seguivo senza chiedermi minimamente dove fossimo diretti. Giravo la testa a destra, sinistra, in alto. Passammo l'intera giornata nella zona vecchia del Cairo. Rimbalzavamo da un negozio all'altro dell'enorme Bazar che occupava strade, marciapiedi e vicoli. Tutti contrattavano, tra tappeti, luci, vecchi attrezzi di legno. Era pieno di uomini. Donne quasi nessuna. Le poche che incontravo erano accompagnate dall'uomo e coperte dal velo. Mangiammo qualche falafel a portar via. Il pomeriggio passò in fretta. Ci fermammo solo quando si fece buio.

Scelsero un locale all'aperto. Lì ci sedemmo per terra su dei cuscini, circondati da tappeti e narghilè. Ordinai un thè alla menta, mi portarono acqua calda, con dentro la pianta della menta. Per un attimo ci rimasi male nel non vedere la classica bustina galleggiante. Ma quando lo assaggiai, pensai: cosa diavolo ho bevuto fino adesso in Italia? Unica pecca, lì funziona che se non ti sbrighi a finire il thè, ti portano via il bicchiere in meno di 5 minuti, perché si usa berlo solo bollente. Concetto che imparai alla terza volta che lo ordinai, visto che ormai, era la terza volta che mi levavano il bicchiere da sotto il naso ancora pieno. Mohamed prese la Sobya, che volle farmi assaggiare per forza. Un intruglio freddo a base di riso, latte, latte di cocco e zucchero, che mi spiegò bevono spesso anche nel mese del Ramadan, perché dà energia. Dopo qualche smorfia iniziale devo dire che mi piacque. Provai a rifarla una volta tornata in Italia: "bleah" è il mio unico commento.

Dopo la prova enogastronomica, Mido mi disse che presto sarebbe arrivata una loro amica che voleva conoscermi a tutti i costi. A quanto pare il mio arrivo, italiana e senza velo, aveva suscitato curiosità.

Israa, l'amica di Mohamed, con cui tuttora ho un bellissimo rapporto, arrivò poco dopo. Jeans, felpa di minnie, scarpe da ginnastica, e un velo blu uguale al colore dei suoi occhi, da cui si intravedeva l'attaccatura dei capelli scuri. Una ragazza bellissima, che cominciò a sorridermi già da lontanissimo, e appena arrivata, mi abbracciò come se mi conoscesse da una vita.

«Mohamed mi ha parlato tanto di te», disse in inglese.

Io mi limitai a sorriderle sorpresa da quell'entusiasmo. Intanto Mido era già sull'attenti: «Ciao eh Israa! Che dici saluti anche noi?»

«Ciao ciao ragazzi! Scusate ho fatto tardi ho preso l'autobus.»

«L'autobus?» Rispose alterato Mohamed «Non lo devi prendere! Lo sai che è pericoloso qui da sola!»

«Volevo conoscere Ilaria. Mio padre non poteva accompagnarmi...» Rispose Israa.

Mido sbuffò e disse qualcosa in arabo al suo amico. Israa neanche lo ascoltò e si girò subito verso di me chiedendo che lavoro facessi, com'era la vita in Italia, che bei capelli che hai, ma davvero fai la giornalista? E insegni anche nuoto? Cioè lavori in costume? Che sport fai? Hai fatto anche pugilato? Una femmina che fa pugilato? Qualunque cosa le dicessi, per lei era assurda. Così presi il telefono e iniziai a mostrarle un po' di foto. Le piaceva da morire vedere quelle delle serate con le mie amiche, indicava sullo schermo gonne, top, magliette scollate, poi mi chiese se bevessimo alcol.

«Sì, tu hai mai bevuto alcol?» Le risposi sorridendo, sottovoce, senza farmi sentire dagli uomini. Anche lei sorrise e arrossendo sotto quel velo, che nascondeva i capelli ma non la timidezza, rispose di sì. Aveva uno sguardo complice che sembrava quasi volesse intendere: vedi? Non siamo poi così diverse. Certo che non lo siamo, avrei voluto dirle. Una sola differenza però ci separava: lei credeva nel Corano. E il Corano è incompatibile con la libertà. Io invece credo che la libertà sia l'unica cosa che conta davvero. Ognuno di noi dovrebbe avere la possibilità di scegliere, cambiare, sperare.

E questo il Corano non lo permette.

Israa per fortuna è ancora giovane, ha tempo per provare, scoprire e se vuole, cambiare.

Dopo aver visto tutte le foto del mio telefono da cima a fondo, mi chiese entusiasta, già con la mano pronta in tasca:

«Ti va ora di vedere un po' di foto mie?».

Poi sorridente prese il telefono prima ancora che potessi risponderle. Con la coda dell'occhio controllò che Mido e il suo amico fossero distratti a parlare di fatti loro, a quel punto aprì la galleria. Nella prima foto era seduta sul tappeto del salotto di casa sua, senza velo, con i capelli sciolti e un calice di vino rosso in mano.

«Ogni tanto quando papà esce rubo un po' del suo vino, è buonissimo...» Mi sussurrò all'orecchio.

La seconda foto era lei allo specchio con un completo intimo, molto semplice, monocolore, non era neanche un perizoma. «Ecco questa non l'ho mai fatta vedere a nessuno. Secondo te sono grassa?»

In quel momento, pensai a cosa sarebbe potuto accaderle se il padre avesse beccato quella foto sul telefono. Poi, mi venne anche in mente quando Mido disse: "È una loro scelta portare il velo!".

Mi dispiace ma io non ci credo. Questa si chiama influenza, non scelta. In quei paesi la scelta è poca, l'esigenza di adattarsi è troppa, e la libertà non trova spazio. Mi si stringeva il cuore a vederla nascondere tre quarti della sua vita, mostrandola solo a me, una sconosciuta venuta da un altro pianeta.

«No Israa non sei grassa. Stai benissimo, davvero!»

«Grazie! Ecco guarda questa invece...» Mi mostrò la foto di un tatuaggio, piccolo, stilizzato, era la lettera i all'interno di un cuore. Le chiesi se fosse il suo.

«No, ma vorrei tanto farmelo. Tu hai tatuaggi? Fanno male?»

«Sì ne ho 5, ora non posso farteli vedere o qui mi arrestano!» Lei rise e io aggiunsi «Comunque non fanno male, solo un po' di fastidio. Ma quando lo farai pensa a questo: il fastidio passa, il tatuaggio resta!».

La serata continuò con foto dei suoi vestiti. Della sua cameretta. Altri tatuaggi che le piacevano. Costumi che aveva comprato ma mai potuto indossare. Lei con il narghilè, uno dei pochi passatempi che poteva godersi senza nascondersi. Lei con il narghilè e tutte le sue amiche senza velo, e quello sarebbe stato un altro nostro piccolo segreto. Lei e tanti selfie ai suoi occhi blu, che almeno quelli, nessuno le aveva vietato di mostrare.

E mentre pensavo a quanto fossero belli gli occhi di Israa, Mohamed le disse qualcosa in arabo. Lei rispose. E partì una discussione improvvisa tra i due. Io non capivo nulla, quando poi Mohamed si calmò, o meglio alzò gli occhi al cielo come a dire: "vabbè lasciamo stare", chiesi quale fosse il problema.

«Eh niente! É tardi! Israa deve andare a casa!».

Mi venne spontaneo rispondere, «Non sei mica suo padre.»

«Non sono suo padre ma mi preoccupo, è tardi, questo non è un posto sicuro, deve prendere i mezzi ed è una bella ragazza, qui tutti danno fastidio alle donne soprattutto se sono belle ragazze. E poi non ti ci mettere anche tu!».

Mi sorprese il modo con cui veramente si preoccupasse per lei, per noi, nonostante fossimo solo sue amiche.

In varie occasioni, durante questo viaggio, ho avuto l'impressione che lì conoscessero principalmente due tipi di concetti di donna. La puttana: ossia colei che è vista come oggetto del piacere, semplicemente perché non è più vergine prima del matrimonio. Perdendo la verginità, perdono non solo ogni chance di avere un uomo accanto, ma anche la possibilità di ricevere un minimo di rispetto da chiunque. Infatti, tantissime di loro praticano solo rapporti anali prima di sposare l'uomo della loro vita, così che lui non sospetti sia stata di altri.

Secondo concetto: la donna intoccabile. Che può essere la sorella, la mamma, un'amica, per non parlare della moglie. Loro, non devono essere guardate o toccate da nessuno. In quel mondo, le donne possono essere concepite come regine, ma anche come cammelli. L'estremismo islamico, porta a fare cose disumane. Alcune di loro non hanno neanche una carta d'identità perché è vietato fotografarle. E la cultura, le diversità, non vanno confuse con l'estremismo.

In quel caso però, la gelosia di Mohamed c'entrava ben poco con l'estremismo, lui conosceva bene il suo Paese ed era solo preoccupato. La discussione terminò con un patto, Israa sarebbe tornata con i mezzi, ma lui l'avrebbe accompagnata fino alla fermata. Così, la bellissima ragazza con il velo e dalla voglia di vino mi salutò con un forte e lungo abbraccio, dicendo che avrebbe sperato di rivedermi presto. Salutò Mohamed2 con un cenno della mano e si allontanò con Mido.

La serata continuò con l'ennesimo narghilè ordinato da Mido non appena ebbe accompagnato Israa. Più tardi tornammo anche noi, io ovviamente venni di nuovo scortata fin davanti la camera.

Rimasi al Cairo altri due giorni, per poi rientrare a Roma mentre Mido si trattenne finendo le sue due settimane.

Tornata dall'Egitto capii che puoi leggere o studiare per anni qualsiasi libro riguardo un luogo, ma niente sostituirà il fatto di respirare quella cultura vivendola in prima persona. Anche se è per poco tempo. Anche se mentre la vivi ti sembra di non capirne molto. Una volta che torni a casa, ti rendi conto che un'ora lì è valsa più di mille pagine, film o documentari.

Ma sapete chi imparò, ancora più di me, da quel mio viaggio? Israa. Nei mesi successivi, indovinate, si tolse il velo. Quello fu il primo di tanti cambiamenti. La seguivo su Instagram e man mano postava sempre più foto. Lei sul motorino con i capelli sciolti. Lei con il piercing al naso. Lei con i guantoni in palestra. Lei al mare, prima con il costume intero poi anche quello a due pezzi. Lei con il narghilè e finalmente anche un calice di vino. E in tutto questo io non ho fatto nulla. Ma soprattutto non mi sono mai permessa di dirle nulla. È stato un semplice scambio di culture, abitudini, passioni. E lei si è aperta. Perché conoscersi porta a questo.

Fai caso
Non giudicare ma fai caso e basta
Fai caso
A ciò che è diverso da te
A ciò che va in un'altra direzione
A ciò che non indosseresti mai
Fai caso
A quei silenzi che non capisci
Perché anche lì troverai le parole di cui hai bisogno
Fai caso
A dove stai andando
Ma anche a dove non vorresti mai andare
Fai caso
A guardare non solo a destra e sinistra ma anche il cielo
Facci caso
Perché se ci fai caso e non ti piace
Puoi sempre cambiare e prenderti il sole che ti spetta

FANGO E DESIDERI

Tanzania 2017

Volevo vedere, volevo conoscere, volevo scoprire, e così ho fatto: ho scoperto anche cosa vuol dire Africa. Ma una cosa non ho mai capito della storia che sto per raccontarvi. Perché quando sono cadute le torri gemelle, eravamo tutti vicino ai newyorkesi? Perché quando hanno attentato la sede di Charlie Hebdo eravamo tutti vicino ai francesi? Perchè ogni volta che un uragano colpisce la Florida siamo tutti incollati allo schermo? Mentre per l'Africa, dove è una tragedia ogni giorno, davvero in pochi ci sentiamo vicino a loro. Sono diversi? Sì. Non voglio fare l'ipocrita: è vero che sono diversi da noi. Loro, ad esempio, non hanno il supermercato dietro casa. Non hanno un letto, un tetto, un divano, le ferie, Sky, Mediaset premium, Netflix. Si svegliano la mattina e non pensano a cosa indossare, perché neanche un armadio hanno. Non hanno gli stessi diritti. Non hanno ambulanze. Non hanno paragoni. La polizia invece sì, ce l'hanno, ma lavora solo sotto mazzette. Il governo anche c'è, ma non vuole alcun tipo di ribellione, pretende un popolo povero e ignorante. Ma loro, sopravvivono a tutto questo. Tra un sorriso e un secchio sopra la testa per andare a prendere l'acqua, superano ogni cosa. O meglio, quasi.

Decisi di partire un mese come volontaria con un'associazione: L'Africa Chiama. Arrivai ad Iringa, piccolo villaggio nel centro della Tanzania dopo due giorni di viaggio. L'aereo, le attese, il cambio di volo e poi il pullman. Lo sprint finale furono dieci lunghissime ore dentro quel bus partito da Dar Es Salaam all'alba e arrivato ad Iringa al tramonto. Non c'erano autogrill, pause caffè, a malapena c'era una strada. Se così poteva definirsi. Lunga e sterrata, di quelle che ad ogni metro si alzano nuvole di terra ovunque. Dopo circa 5 ore di pullman, ecco la prima tappa: ci fermammo in un enorme prato. L'autista urlò qualcosa in Swahili e tutti scesero. Stavo per alzarmi anch'io, quando mi accorsi che erano usciti per fare pipì lì sotto, tutti insieme, all'aria aperta sul prato. Allora decisi che forse, rimanere seduta e trattenerla per tutto il resto del viaggio sarebbe stata un'ottima idea. Ho sempre pensato che sapersi adattare è una delle capacità che amo di più e che, per quanto posso, cerco di padroneggiare. Ma a volte devo anche riconoscere i limiti: ecco, essere donna e dover fare la pipì in un prato davanti a cinquanta omoni neri, poteva essere uno di quelli.

La seconda tappa fu al posto di blocco al confine della regione. Altra fermata altra sventura. Mentre l'autista mostrava tutti i documenti ai poliziotti, pensai bene di filmare dal finestrino alcuni bambini che mi salutavano dalla strada. Saltellavano, si spintonavano e salutavano di nuovo. Finalmente le mie prime immagini di quel viaggio appena iniziato e già paradossale. Peccato solo una cosa: voi lo sapevate che in Tanzania, per legge, è vietato riprendere nei luoghi pubblici? Ecco. Io no. Senza neanche accorgermi, mi ritrovai scaraventata fuori dal pullman da quei poliziotti, che pochi secondi prima avevano in mano i documenti dell'autista, e pochi secondi dopo la mia telecamera, il mio cellulare, il mio zaino, e temetti a breve anche la mia testa. Cominciarono ad urlare non ho idea di cosa in Swahili.

Proprio in quel momento, vidi con la coda dell'occhio che almeno metà delle persone che erano sul pullman cominciarono a scendere, poi iniziarono a discutere con la polizia, difendendomi.

Alquanto confusa, finalmente capii che il problema

era proprio la mia telecamera. Così in inglese cercai di spiegare che gli avrei lasciato la scheda, la telecamera intera, il cellulare, qualunque cosa purché non mi portassero via. La mia paura non era tanto finire in un carcere della Tanzania. Piuttosto dire a mio padre, «Ehi papi sono in carcere in Tanzania!».

La discussione finì con un: «No video! No picture! Undestand?» e mi lasciarono andare. Che paura. Continuai il viaggio con la telecamera nascosta nello zaino. Mi servirono almeno 24 ore per trovare il coraggio di tirarla di nuovo fuori. Peccato, perché di lì a poco si iniziarono ad intravedere i primi villaggi, le case in terra, paglia. Banchetti di carne fumante, negozietti arroccati in lamiere e fieno. Anziane signore che portavano grossi legni per accendere il fuoco in piccolissimi carretti. Bambini con grembiuli sporchissimi che tornavano da scuola. Donne con i figli piccoli annodati in teli colorati dietro la schiena ed enormi secchi pieni d'acqua sopra la testa. **Più avanzavamo nel villaggio e più il continente nero mi sembrava esplodesse di colori. Quelle persone erano arcobaleni. Lì nessuno pensa ad abbinare il vestito nero con la cravatta grigia. E i loro sorrisi rendevano ogni strada la via più bella.**

Arrivai finalmente nella casa dove avrei alloggiato

tutto il mese. Non dormivo da due giorni, eppure fu quasi impossibile prendere sonno. Avete presente quando si è talmente stanchi da non riuscire a riposare? Be' magari il problema fosse solo quello. Piuttosto, la mia preoccupazione andava al fatto che i ragazzi dell'associazione avessero messo fuori la porta d'ingresso un guardiano. Ma non un guardiano di quelli grossi, possenti e con il fucile in spalla. No, lui era magrissimo, buffissimo, e con in mano lo stesso bastone che aveva il babbuino Rafiki nel Re Leone. Per fortuna, non ha mai dovuto sfoderare il suo legnetto per difendermi. Altrimenti non so se sarei qui a scrivere.

La mattina dopo, in un caldissimo giorno di Settembre, iniziò la mia avventura da volontaria in Africa. Le giornate si dividevano tra il centro nutrizionale, il centro di fisioterapia e la scuola. Non importava che tu non fossi né nutrizionista né tantomeno fisioterapista. In mezz'ora ti spiegavano come muoverti e tu eseguivi. C'era da fare tutto e niente. Tutto perché è un continente intero da salvare. Niente perché qualunque cosa fai ti senti di un'impotenza pazzesca.

Quel primo giorno, al centro riabilitativo, conobbi Julius. Quattro anni, idrocefalo, seguiva il percorso di riabilitazione da circa un anno e piano piano, stava iniziando ad imparare ad alzarsi in piedi, se aiutato. A gattonare però, era il numero uno, gli piaceva con quelle piccole manine toccarti la caviglia e poi ridendo sgattaiolare via. Lo conobbi appena arrivata e mi innamorai di lui all'istante. Non so perché, non so cosa spinga due persone a legarsi così velocemente. Eppure appena vidi tutti quei bimbi arrivare con il pulmino del centro di fisioterapia, scelsi subito lui da accompagnare in braccio. Scelsi lui anche il secondo, il terzo, il quarto giorno, sempre. Non si dice ai bambini "sei il mio preferito", ma lui lo era, e lo capiva anche se non parlavamo la stessa lingua.

Nel giardino del centro fisioterapico, tra quei pochi giochi in legno costruiti dai volontari, passavamo le giornate a tentare insieme di conquistare sempre qualche piccolo passo in più. Un po' da solo, un po' con la mia mano, un po' si buttava a terra e scappava via a quattro zampe.

Molti di quei bimbi, viste le condizioni, non arrivavano neanche a 10 anni di vita. Altri venivano abbandonati dalle famiglie perché inutili al lavoro. Julius era fortunato, ogni giorno il fratellino, di soli 7 anni, veniva a prenderlo e lo riportava a casa avvolto sopra le spalle in un telo colorato. La mamma non era molto presente, lavorava. Il padre, non lo so, molti padri si alcolizzavano ogni sera per poi tornare a casa e picchiare moglie e figli. Dopo il tramonto infatti, per noi volontari era sconsigliato uscire, perché le strade erano pericolose soprattutto a causa degli uomini ubriachi. Perché dico dopo il tramonto? Perché lì non esistevano orologi. Darsi un appuntamento era come chiedere la luna.

Anche Julius spesso la mattina arrivava tardi. Il fratello maggiore si giustificava dicendo che lui non sapeva cosa fossero le 9, le 10 o le 11. Poi salutava il fratellino con un bacio in fronte e si allontanava lasciandolo con noi. Intanto Julius non accennava mai a un capriccio. Sorrideva, e quando lo faceva gli apparivano delle fossette sulle guance da far innamorare chiunque. Sorrideva sempre, anche quel giorno mentre era in braccio a me sull'altalena e fece la pipì sui miei pantaloni e mi arrabbiai da morire. Sorrideva durante la fisioterapia, seppur dolorosa. Sorrideva quando lo imboccavo a pranzo e sbrodolava ovunque. E rideva come un pazzo quando partecipava alle mie videochiamate con tutta la famiglia dall'Italia. Non parlavamo la stessa lingua. Ma davvero non ne avevamo bisogno per ridere insieme.

Ogni giorno c'era così tanto da costruire, da respirare, da capire. E per quanto il mio compito lì fosse solo quello di aiutare con la riabilitazione, mi rendevo conto che i veri aiuti erano altri. Perché anche se si è completamente paraplegici, in posti come l'Africa, è inutile fare fisioterapia se manca il resto. Bisognava, ad esempio, insegnare alle mamme che i nasini dei bimbi si asciugano con la carta e non con le magliette. Bisognava spiegare che se qualcuno si fa male la ferita va disinfettata, o almeno sciacquata, altrimenti ci si prende una brutta malattia chiamata Aids. Bisognava spiegare alle madri che l'alcol fa male durante la gravidanza, e che se il figlio nasce disabile non è una punizione divina, ma proprio per l'abuso di alcol. **Era difficile però comunicare con loro. Perché quando tu sei uno stronzo bianco con l'iPhone in mano di fronte a un nero che non ha neanche l'acqua da poter dare al figlio per bere, è normale che non tutti ti guardino come un amico. Dove non c'è acqua, cibo o giustizia, è sempre difficile farsi ascoltare.** Non ti ascoltava quasi nessuno, neanche i medici.

Quando mancavano pochi giorni al mio ritorno in Italia Julius cominciò a stare male, il giorno dopo peggio, quello dopo peggio ancora. Ad Iringa non esistono ambulanze, medici di famiglia, o numeri verdi da chiamare. Se stai male sei costretto a prendere un pullman e percorrere chilometri e chilometri, sperando di non morire prima, e arrivare al primo ospedale che trovi. Così fece Julius, accompagnato dalla mamma e da alcuni di noi. Il liquido che aveva in testa, essendo idrocefalo, era aumentato improvvisamente. I medici dissero che con un drenaggio si sarebbe potuto risolvere. Bene, pensai. Per quanto poco ne sapessi di medicina un semplice drenaggio non mi sembrava una cosa così assurda. C'era solo un problema. Eravamo in Africa; e come l'acqua nelle case, mancavano anche i drenaggi negli ospedali. Nessuno di noi però aveva la minima intenzione di lasciare Julius in quelle condizioni. Così cominciammo a cercare per due interminabili giorni in tutti gli ospedali dei dintorni. Più scorrevano le ore più la paura aumentava. Poi finalmente, trovammo quel maledetto drenaggio. Felici corremmo in ospedale. Era fatta. Cercammo subito il medico e urlando per tutto il reparto lo trovammo.

«Ma io non so mettere il drenaggio...», ci disse prendendo in mano quel piccolo tubo, in cui ognuno di noi aveva riposto la speranza della vita del piccolo Julius.

A quel punto rimanemmo inermi, immobili. Nessuno si azzardava a dire una parola. Non ci volevo credere. Non era possibile. Ma che mondo è? Come poteva essere? Quando noi stiamo male abbiamo ogni diritto a prendere le ferie. Ad essere assistiti anche per una cazzo di febbre a 37. Ad abbottarci di antibiotici. E lì se stai per morire, davvero puoi solo pregare? Dov'è un po' di giustizia? O meglio: è mai esistita? Perché se in quel continente ce n'è mai stata anche solo una briciola, io davvero non l'ho vista. Ma forse sono stata stupida io. Come potevo pensare che chi vive con vestiti di seconda mano, non abbia anche degli ospedali di seconda, terza, ultima mano.

«Forse questo è il volere di Dio...», così ruppe il silenzio la mamma di Julius.

Dio? Ma quale Dio? È vero ognuno lo predica e lo crede come vuole. Ma in nome della logica, in questi casi: dov'è Dio? Quando dico che non esiste, tanta gente va in escandescenza. Be' invece di andare in escandescenza venite qui. Dov'è il vostro Dio quando un bambino vi muore davanti? E muore solo perché viviamo in una società dove non esiste uguaglianza. Dove se nasci un po' più a nord ti salvi, altrimenti crepi così. E noi, quelli fortunati, siamo così cretini da accettare tutto questo. Anzi, abbiamo addirittura il coraggio di aprire la bocca e dire: tornate al paese vostro. Lo capite o no che non si scappa solo dalle guerre?

Ma tanto le cose non cambieranno. Menefreghisti continueremo a sfruttare questi paesi fino all'ultimo.

L'America è troppo impegnata a fare barriere, l'Europa non è da meno, e la Cina è a un passo dal diventare la prima potenza economica, fregandosene del resto del mondo. Mentre l'Africa continua ad essere l'Africa e i bambini come Julius continueranno a morire. Era il 19 Ottobre 2017 quando ci ha lasciati. **Concludo così: chi viene qui pensando di aiutarli è un illuso. Però sapete il guaio qual è? Che a volte è bello illudersi. Così l'Africa, una volta che impari a conoscerla, non puoi più farne a meno e ogni volta che la rivivi, ci credi davvero che qualcosa cambierà.**

In Africa
Viene voglia di scoprire, vedere, conoscere
E allora scopri bambini sporcarsi di fango e desideri
Donne ballare con secchi pieni d'acqua sulla testa
Uomini che non hanno nulla ma ridono di tutto
Vedi tramonti che non puoi raccontare
La via lattea ti fa compagnia prima di addormentarti
E non esistono sveglie ma solo albe
Conosci l'ingiustizia di un figlio che lascia la mamma
E l'orrore dei silenzi di fronte a tutto questo
In Africa
Dopo aver scoperto, visto, conosciuto
Non cambia nulla
Credi in questa gente
come ci credevi prima ancora di viverla
Solo che ci credi ancora più forte

I MURI NON HANNO MAI RESISTITO

Berlino 2016

"Nessuno ha intenzione di costruire un muro!" Giugno 1961. Il Leader della DDR Walter Ulbricht due mesi prima della costruzione del muro di Berlino, con il suo pizzetto bianco e quei buffi occhiali, pronunciò queste parole. Sappiamo tutti come andò a finire. Vatti a fidare dei politici. Ancora oggi visitando Berlino si intravede negli occhi di chi ha vissuto quegli anni un'esperienza fatta di cemento, filo spinato, sentinelle e numeri. Trenta come gli anni che quel muro ha diviso la città. Più di centocinquanta come i chilometri di confine in calcestruzzo. Trecentodue come le torri di guardia. Numeri che a volte tornano, altre no. Non tornano ad esempio, i numeri di quante persone sono riuscite a scappare o di quelle uccise per provare a scavalcarlo. E infine c'è chi, ancora oggi, rimane a bocca aperta di fronte a quel che è rimasto del muro di Berlino.

Io sono tra questi. Era l'estate del 2015 ed ero in viaggio insieme alla mia famiglia ed altri amici. Ognuno con il proprio camper avevamo percorso Austria, Repubblica Ceca, Polonia, Germania, Paesi Bassi. C'era il sole e si mangiava così bene. Fettine panate e litri di birra tutti i giorni. Patatine fritte a non finire, croccanti e piene di olio da sciogliersi in bocca. Poi il currywurst: la salsiccia grigliata con una pioggia di ketchup e curry. Era venerata dai berlinesi. Non è uno scherzo. La venerano davvero. Pensate che hanno scritto persino una canzone per il currywurst. Non vi sembra abbastanza? E infatti, nel dubbio, gli hanno anche dedicato un museo. Sì, il museo della salsiccia al curry, e poi dicono che i tedeschi non sono simpatici. Basta passeggiare nella capitale per trovare centinaia di banchetti in strada dove la cuociono lì sul momento. Non è di certo un pranzetto snob ma d'altronde le cose semplici sono sempre le migliori. I locali di sera erano sempre strapieni. Rumorosi e con tendenze musicali di ogni tipo. Ogni quartiere aveva una sua unicità e l'ultima sera prima di ripartire la passai a Kreuzberg. Una zona di Berlino Ovest rinata solo negli ultimi anni. Da un triste borgo che era, oggi si trovano tantissimi pub, studenti, artisti, stranieri da tutto il mondo. E poi ci sono murales ovunque. Tutti quei colori mi mettevano davvero allegria, sembrava di passeggiare in un cubo di Rubik ancora da risolvere.

Quella sera, a proposito di colori, presi un cocktail buonissimo e con sfumature che andavano dal rosso al giallo fino all'arancione. Non so cosa ci fosse dentro, sicuro tanta frutta. Faceva caldo nel locale così dissi ai miei genitori e al resto della banda che sarei uscita a farmi una passeggiata. Lungo la via, la musica risuonava da ogni locale, la maggior parte dei marciapiedi erano occupati da tavolini con ragazzi accalcati. Vidi un piccolo parco in lontananza e lo puntai accelerando il passo. Finalmente una panchina e un po' di tranquillità. Maledizione, era occupata.

Rimasi incerta se sedermi o meno. Non volevo disturbare quel vecchino seduto al centro della panchina come a dire: è la mia.

Mi avvicinai lentamente e lui con voce gentile mi disse qualcosa in tedesco. Risposi che non parlavo la sua lingua, così tentò di nuovo, stavolta in inglese: «Vuoi sederti?» Risposi di sì e lui si spostò appena. Di statura era piccolo. Vestito con un gilet marrone e in testa uno di quei cappelli bassi, con la visiera corta e abbinato perfettamente al gilet. Aveva dei baffi così folti che quasi si vedevano solo quelli. Guance praticamente inesistenti. Si girò verso di me, forse si sentiva un po' osservato, e così incrociai il suo sguardo dietro dei grandi occhiali da vista tondi. Se lo avessi incontrato di giorno, sicuro avrei notato quegli occhi ancor prima dei baffoni. Raramente mi è capitato di vedere degli occhi così azzurri. Forse da giovane era il classico tedesco biondo occhi chiari, o chissà magari neanche era tedesco, ma poi perché era da solo su quella panchina? Conclusi che mi stavo facendo troppe domande inutili. Così cominciai a farle a lui.

«Lei vive qui?»

«Oooh signorina ci può scommettere! Sono nato cresciuto e morirò qui.»

Aveva una voce affettuosa, mi rasserenò, facendo sparire quella sensazione di essere stata troppo invadente nel sedermi lì. Invece, partirono una serie di confidenze sul suo passato, il suo carattere, le sue battaglie. E io ascoltavo, quasi incantata. La sua storia mi trascinò nella Berlino degli anni 60/70 con una tale naturalezza che mi sembrava di viverla in prima persona. La chiacchierata durò più di un'ora fino a che non venne interrotta dal mio cellulare che squillò, i miei erano preoccupati che la passeggiata stesse durando troppo.

Ecco cosa ci siamo detti. Ma soprattutto, ecco quanto

quella serata sulla panchina mi servì più di tutti gli esami di storia dati all'università.

«Come mai sei qui sulla panchina con un vecchino come me invece che a divertirti? Non ti piace Berlino?»

«Si, certo che mi piace, signor...»

«Herbert. Mi chiamo Herbert. E tu?»

«Ilaria, molto piacere. Dicevo, certo che mi piace. Ma volevo staccare un po' dalla confusione...»

«Hai fatto bene. Fa sempre bene staccare, da qualunque cosa. L'importante poi è ripartire ragazza mia!». Disse sorridendo e stringendo il pugno in segno di forza. Aveva detto così poco Herbert e già mi piaceva.

«Ho visto tante generazioni passare per queste strade. Mi piace osservarvi, cari ragazzacci. Quelli della mia età si lamentano continuamente di voi, vi danno dei buoni a nulla. Non li ascoltate è gente invidiosa, l'energia che avete voi, noi vecchi l'abbiamo persa da un pezzo. **È vero, a volte vi smarrite, ma quale giovane sano di mente non ha paura di perdersi? Che tanto poi, una volta trovata la strada giusta, subito ne affiora una nuova di paura; quella di perdere la strada trovata.**».

Disse quest'ultima frase guardandomi dritto negli occhi, abbassando il tono di voce. Poi riprese allegro: «Io dico che voi ragazzi avete tante risorse. Forse mi immedesimo un po' in voi. Aaaah quanta vitalità avevo anch'io un tempo. Cresciuto in una città spaccata in due da un governo che non è mai riuscito a spaccare me. Conosci la storia del muro vero?»

«Si, più o meno, o almeno quello che c'è da sapere, non so...»

«Quello che c'è da sapere? Cioè quello che ti hanno fatto studiare sui libri. Senti a me bambina, lascia stare le date, alleanze, presidenti, le rivoluzioni e le scelte politiche, quelle le conoscono tutti. Devi andare a sbirciare nella vita delle persone comuni per imparare la storia. I nonni sono dei libri da mangiare!»

Prese fiato come se dovesse andare sott'acqua e ripartì.

«Quando costruirono il muro avevo circa 30 anni. E da pochi mesi, com'è che dite voi giovani? Frequentare? Sì dai, diciamo che frequentavo una ragazza bellissima: Adele. La corteggiai dal primo momento che la vidi. Era così insolente, capricciosa, batteva i piedi come una bimba se non le davo retta. E quando invece le facevo i complimenti, arrossiva guardando a terra, per poi tornare subito dopo con quegli occhietti vispi a protestare per qualsiasi cosa.

Lei, ribelle com'era, impazzì quando quel maledetto agosto cominciarono prima con il filo spinato, poi i mattoni, poi le torri di guardia, fino a dividere una volta per tutte l'intera città. Ma le cose non accadono mai improvvisamente. La netta differenza tra l'Est sovietico e l'Ovest in mano agli alleati, era palese da anni. Ad Ovest mancava il cibo, i medicinali, tutto. Ma ad Est, prima sotto Stalin e poi Krusciov, mancava la libertà. Così più passava il tempo e più le persone fuggivano dalla Berlino Est: questo stava creando un danno inaccettabile alla Germania marxista. Ma come? Fuggite dal grande paradiso socialista sovietico? E allora l'unica soluzione fu il muro...».

Herbert si fermò qualche secondo, «ma ti sto annoiando?»

«Cosa? Come? Ma scherza signore?»

«Allora continuo?»

«Continui e non si fermi!» Risposi sorridendo. Herbert felice riprese il racconto.

«Come dicevo, per evitare che ancora altra gente fuggisse da una parte all'altra di Berlino decisero di costruire il muro. Io vivevo nella DDR, la parte

Est. Adele studiava in un'università vicino a dove vivevo io. Però la sua casa, la sua famiglia, la sua vita erano tutta nella parte Ovest. Non mi passò mai per la testa di chiederle di scegliere tra me e i suoi cari. Doveva stare con loro. Ed io, avrei trovato il modo di vederla.» Herbert a quel punto decise di accendersi la pipa. Rimanemmo in silenzio con il sottofondo della musica dei locali in lontananza per un po'. Dopo qualche tiro, si girò verso di me.

«Sai cosa erano i check-point?»

«No Signor Herbert...»

«Una volta costruito il muro, in realtà, c'era un modo per passare da un lato all'altro, ma solo attraverso questi posti di blocco, controllatissimi, che potevi superare con un permesso speciale. Se eri un ufficiale, un funzionario civile, un politico, allora potevi passare i check-point. Io, un povero panettiere, no di certo. Decisi così di tentare un gesto che mai avrei pensato di fare in vita mia. Un rapimento. Ebbene sì. E ti dico la verità, tornassi indietro lo rifarei mille volte. Ero così carico di rabbia. Come avevano potuto farci questo? Divisi, zittiti, vite bloccate in nome di cosa? Di un regime ottuso che si regge solo attraverso il terrore e la paura. Che si fotta la paura! Così chiusi la panetteria per qualche giorno, il negozio mi serviva con le serrande abbassate per un po'. Non ero esperto di rapimenti, ma sapevo che da qualche parte al sicuro avrei dovuto tenere quel poliziotto!»

«Rapimento? Poliziotto? Signor Herbert ma cosa le era saltato in mente?»

«Oh sì. Hai sentito bene. Decisi di rapire un ufficiale tedesco. E poi, con i suoi vestiti ed i suoi documenti, sarei passato nella parte Ovest. In giro c'erano ufficiali a tutte le ore, non era di certo difficile trovarne uno. Rapirlo però, poteva risultare più complicato. Quella mattina ero nervoso, con tanti dubbi che mi frullavano per la testa, ma non ricordo di aver provato mai la sensazione di paura. Così senza pensarci decisi di aspettare qualche agente che passasse davanti al mio negozio. Poco dopo arrivò. Lo fermai con una scusa, chiedendogli di entrare con me nella bottega perchè avevo sentito dei rumori strani provenire dalla cucina e se poteva scortarmi per controllare. Mi guardò stranito, ma poi fece cenno con la testa come a dire, forza entriamo. Era molto alto, almeno un metro e novanta sarà stato. Mentre camminava lentamente davanti a me verso l'interno nel negozio, pensai a quanto mi sarebbero stati male addosso quei vestiti. Pum! Gli diedi una botta secca sulla sua testa che placò ogni mio pensiero. A quel punto era a terra svenuto e...

Ehi, Non guardarmi così!».

Mi accorsi di avere la bocca praticamente spalancata. Presi un bel respiro e dissi ridendo: «Be', non tutti i giorni mi capita di ascoltare storie di rapimenti. Ma non si è pentito?» Herbert rise appresso a me. Poi si sistemò gli occhiali tirandoli su con l'indice e rispose. «Sono passati anni e anni, ma mai mi sono pentito di ciò che ho fatto. Anzi, di solito rimpiango quello che non ho fatto.»

Fece un respiro profondo, buttò fuori l'aria velocemente e continuò.

«Dicevo, prima che ti cascasse la mascella, l'ufficiale a quel punto era a terra svenuto. Non provai rancore per lui. Ero così disperato che non provavo nulla. Così lo chiusi nel retrobottega del negozio lasciandolo con cibo e acqua in abbondanza. Il problema era uno solo. Una volta tornato indietro, avrei dovuto ucciderlo? Lasciarlo andare? Dirgli grazie dei vestiti e arrivederci? Comunque ci avrei pensato al ritorno. A quel punto volevo solo rivedere Adele. Quanto al check-point passai senza problemi, documenti falsi, vestiti larghi e tanta serenità. Sì serenità perché nonostante tutto io mi sentivo nel giusto. Penso che nella vita non sempre adeguarsi alle regole sia un bene. Lo dico con il cuore in mano a te come a ogni giovane. **Non fate i bravi. Quando vi dicono di**

obbedire giratevi dall'altra parte. Siate arroganti, siate geniali. Lottate e fottete chiunque intenda anche solo limitare la vostra libertà con questa storiella dell'obbedienza. Se io avessi ubbidito, chissà quando avrei rivisto lei.»

«Eh ma ora voglio sapere! Che faccia ha fatto Adele quando ti ha visto?»

«Bambina mia, vorrei vedere te al posto suo, che faccia avresti fatto? Aveva più o meno la tua età ed eravamo innamorati persi. Dopo essere stati costretti a dirci addio, mi presentai lì, sotto casa sua con un girasole in mano. Sai, le ho sempre regalato fiori diversi. Sceglievo il colore in base al mio stato d'animo. Le citofonai come se nulla fosse. Rispose la madre, che urlò ad Adele di scendere senza dirle chi la aspettasse, probabilmente non lo aveva capito neanche lei. Adele scese quasi subito, spettinata e senza trucco, con un vestitino blu a fiori che arrivava poco sopra le ginocchia e una cinta nera che le stringeva la vita. Appena mi vide rimase immobile. Le pupille le si accesero, per poi appannarsi di lacrime. Mi corse addosso stringendomi come mai aveva fatto prima. Rimanemmo abbracciati senza dire nulla per un periodo che non saprei definire...».

Poi prese fiato e continuò.

«Dopo aver spiegato ad Adele come fossi arrivato da lei, rimanemmo tutto il giorno insieme. Dormimmo in un hotel ma il giorno dopo dovetti tornare. E sai che ti dico? Forse arriva proprio ora il bello di questa storia.»

«Herbert ma cos'è un film di fantascienza?» Risi. «Dai dimmi la verità, quando sei tornato quell'ufficiale ti ha gonfiato di botte eh?»

«Botte? Ma per chi mi hai preso? Sono cattivissimo quando mi ci metto sa!» Provò a dirlo seriamente, ma poi scoppiò a ridere prima di me.

«Il tragitto di ritorno lo passai a logorarmi dentro, pensando a come poter lasciar andare l'ufficiale ma senza farmi uccidere. Fino a che non ebbi un'idea. Forse la più folle che abbia mai avuto in vita mia. Ancora peggio dell'idea di rapirlo: decisi di dirgli tutta la verità. Entrai nel negozio quasi correndo, come se volessi togliermi quel peso il prima possibile, comunque sarebbe andata non mi importava. Spalancai la porta dove era rinchiuso. Era ancora legato, seduto a gambe incrociate per terra. Aveva finito l'acqua che gli avevo lasciato ma da mangiare era ancora tutto lì. Presi altra acqua e gliela portai. Poi, mi sedetti a gambe incrociate di fronte a lui tenendolo per sicurezza ancora legato, e inizia a raccontargli tutto. Del mio amore per Adele, del fatto che l'unica soluzione per superare il muro era stata quella, che mi dispiaceva davvero e non volevo fargli alcun male. Be', io non so perché, non lo so davvero, però funzionò. L'unica idea che mi sono fatto in tutti questi anni è che dire la verità e parlare apertamente dei propri sentimenti è una cosa così rara, un gesto rivoluzionario. Per questo forse viene tanto apprezzato.».

In quel momento mi squillò il telefono: «Papà? Sì sì tutto bene. Sì ora torno. Certo che sono sola. Si ok ho capito ora arrivo.».

Herbert mi guardò sospirando, alzò le sopracciglia ed esclamò. «Vedo che hai colto a pieno il mio discorso sulla verità.»

«Ahah hai ragione. Ma sai, mio padre quando si preoccupa è molto più pericoloso del tuo ufficiale!»

«Va bene dai, però ora vai. Non voglio che sia in pensiero.»

«Aspetta! Prima devo sapere come va a finire!»

Herbert mi guardò perplesso. «Non sono sicuro che tu voglia saperlo...»

«Signore, io non mi alzo da qui finché non me lo dice!»

«Ve bene va bene, sarò breve. L'ufficiale si chiama Gustaf. Ormai siamo amici da una vita. Gus continuò a prestarmi i suoi vestiti per anni, mettendo a rischio anche se stesso pur di farmi vedere Adele. Lei però, un giorno mi disse che aveva iniziato una relazione con un altro. Me lo disse piangendo, ormai era arrivata all'esasperazione. Mi spiegò che non poteva continuare tutta la vita ad avere un uomo clandestino mascherato da ufficiale che rischiava la vita ogni giorno. Così, Adele si sposò con quell'uomo nel 1988. Sai quando cadde il muro?».

Non risposi. Sapevo bene in che anno cadde. Andai via salutando Herbert e lasciandolo malinconico su quella panchina. Nei giorni successivi mi chiesi più volte se anche lui, come Adele, avesse mai trovato un altro amore. Non lo so, probabilmente no, aveva creduto in quella storia con tutto sé stesso. Però di una cosa sono certa, comunque fosse finita, non ha mai avuto rimpianti.

Scappa da dove non sorridi
Scappa da dove non ti brillano gli occhi
Scappa da dove devi sempre chiedere il permesso
Se vedi una montagna scava un tunnel
Se incontri il silenzio alza la musica
Se non ti piace il fondale campa un po' in aria
Ma se di fronte a te hai un muro troppo alto
Respira
Non scappare
I muri non hanno mai resistito

MIAMI, E L'ALTRA MIAMI

Miami Beach 2018

Questa amicizia è sbocciata grazie ad un paio di pattini, su cui la sottoscritta, pensava di sfrecciare per il lungomare di Miami e invece, non riusciva neanche ad attraversare da un marciapiede all'altro.

Emily è un'americana sui quarant'anni. Tutti la chiamano Emy, è nata in Arizona e cresciuta in Florida. Ha cambiato diverse città ma quando ha scoperto Miami Beach lì è rimasta. Ha un fisico scultoreo, occhi color nocciola, capelli sempre sciolti ma mai pettinati. Gonne di tutti i colori ma mai eleganti. Espansiva ma anche enigmatica. Una cosa ama alla follia: lo sport. E dello sport ne aveva fatto il suo mestiere. Anni di lezioni di aerobica, palestra, ma soprattutto pattinaggio. Lei non aveva la macchina, girava ovunque con i suoi rollerblade o una vecchia bici.

Un momento però. Riavvolgiamo il nastro. Come ci sono finita io a Miami? Quell'estate avevo detto ai miei genitori che avrei passato qualche mese in un campus per imparare l'inglese. Sì lo so, ma a Miami non parlano Spagnolo? Esatto. E in pochi masticavano un divertente americano: per lo più c'erano messicani, cubani, spagnoli. Però tornassi indietro, farei la stessa cazzata. In fin dei conti viaggiare è sempre il modo migliore di imparare. E se anche non imparaste l'inglese, state certi che a casa non tornerete con la borsa della cultura vuota.

Emy la conobbi il mio primo giorno a Miami. Ancora prima di partire mi ero messa in testa che una volta arrivata avrei comprato i pattini. D'altronde quale ragazza gira per quel lungomare senza rotelle? Peccato che, la mia poca esperienza e il mio equilibrio precario mi tradirono fin da subito. Fu davvero un disastro. Non riuscivo neanche a stare ferma in piedi. La gente passava e rideva e all'inizio ridevo anche io ma, dopo un po' fidatevi, era davvero frustrante.

Quando decisi di lasciar perdere e riportare i pattini al negozio, sperando di essere rimborsata almeno della metà di quanto avevo speso, arrivò Emy. Ricordo il sorriso con cui mi venne incontro, mi prese la mano mentre traballavo sulle rotelle e disse:

«Coooome on! I help you with your blades!». Mi riaccompagnò fino al college per mano. Lei a piedi io sui pattini. Ogni tanto ci fermavamo ridendo su qualche muretto e mentre lei cercava, con tanta pazienza, di spiegarmi come non morire su quegli attrezzi impossibili a me tremavano le gambe e grondavo di sudore.

Arrivate di fronte al college tirò fuori un vecchio Nokia dal suo zainetto e mi chiese il numero, aggiungendo che ci saremmo viste anche l'indomani per continuare la nostra lezione. «In a short time you'll become a good skater!», e andò via lasciandomi piena di speranza. Mai mi chiese un soldo, nonostante le settimane passate a cercare il mio equilibrio su quelle ruote.

Devo a Emy l'incontro che da subito mi ha fatto amare gli americani. Che personaggi. Estremi, contraddittori, moderni ma che ancora si perdono nei conflitti razziali. Impazienti di fare i soldi ma poi, chi non riesce, non conosce l'invidia, ammira chi invece ce l'ha fatta. Non hanno pregiudizi: se vuoi girare nudo per il supermercato nessuno ti guarda male. Per loro l'assurdo è normale. L'eccesso è ordinario. Riescono a mandare l'uomo sulla luna, ma poi a mettere un idiota alla Casa Bianca.

Emy è come l'America, un sogno che nasconde i suoi lati oscuri. Lo capii con il tempo. In quei mesi ci vedemmo quasi tutti i giorni. Mi insegnò ad andare sui pattini. E giorno dopo giorno imparai anche tante altre cose. Ad esempio a pagare sempre con la carta, persino un caffè, altrimenti ti guardano come fossi uno spacciatore. Imparai che il Parmesan non è il Parmigiano. Che l'insalata lì può contenere più calorie di una pizza. Che l'aria condizionata è una specie di religione, è ovunque. Che da Starbucks puoi usare internet e nessuno viene a obbligarti di ordinare. Che non serve per forza la cravatta e dieci lauree per tentare colloqui dove vuoi.

Però, se una sera si beve troppo, fidatevi è meglio rimanere accasciati sul marciapiede della discoteca piuttosto che pagare una lavanda gastrica in ospedale. Potreste davvero rischiare che vi pignorino casa. L'America è così.

A proposito di alcol. Una sera io ed Emy finimmo in un locale della Washington Ave, a pochi passi dalla Lincoln Road, la via più popolata di Miami Beach. Scegliemmo quel locale solo perché ci innamorammo dei divanetti che affacciavano sulla strada. Ognuno aveva un colore diverso. Sembrava di stare in un salotto a cielo aperto decorato da Mondrian.

Emy quella sera bevve un po' troppo. Seduta dinanzi

l'ennesimo cocktail e le sigarette, all'improvviso, mi disse di avere una figlia. Una figlia? Non me ne aveva mai parlato. Frugò poi nel suo zainetto e tirò fuori il cellulare per mostrarmi la foto, che non appena trovò, la sua espressione diventò tristissima. Melina aveva 17 anni e viveva in Australia con sua zia, la sorella di Emy. Ogni tanto guardavo incuriosita il vecchio e lento telefono che aveva Emy tra le mani. La foto era lì, aperta a pieno schermo. Melina era bellissima. Uguale alla madre. E senza mai fermarsi Emy cominciò a raccontarmi di come sia stato possibile che sua figlia fosse finita dall'altra parte del mondo. Strappata via da lei, dieci anni prima, senza più la possibilità di rivederla. Ancora oggi spesso Emy mi scrive preoccupata, chiedendomi di guardare le pagine Social di Melina, prendere qualche foto e mandargliela. Lei non poteva vederla neanche da dietro uno schermo, era stata bloccata dalla tutrice di Melina, nonché sua sorella. Fatta fuori completamente dalla vita della figlia, Emy cercava in ogni modo di avere sue notizie.

Come arrivò a tutto questo, me lo raccontò tra un sorso di Margarita e una lacrima.

Partì spiegandomi che Miami è sole e uragano. Miami nasconde un'altra Miami, quella che scopri con il tempo: fatta di banconote infilate nei perizomi delle ragazzine, di criminali e rifugiati.

Ma soprattutto la Miami della droga. Quel mondo Emy lo conosceva bene. Tra le varie case in cui abitò c'è Overtown, quartiere vicino al centro di Miami città. «Now there are lots of tourists...», ci sono molti turisti oggi, mi disse girando la cannuccia nel Margarita ormai annacquato.

«Una decina di anni fa però era molto più pericoloso quel quartiere. Io vivevo in una casa circondata da inferriate con Melina e mio marito Santiago, messicano fino all'ultimo capello. Regole, regole, solo regole esistevano per lui. Ad Overtown era pericoloso persino andare a fare la spesa. Potevi ritrovavi in mezzo ad una sparatoria da un momento all'altro. Sai chi sono i Marielitos?».

No, chi sono? Le chiesi rubandole il cocktail dalle mani e bevendone un sorso. In realtà non mi andava. Ma non volevo farla esagerare con l'alcol più di quanto non avesse già fatto.

«I marielitos.. Yeeeeeah! Can I have another Margarita?» urlò al cameriere. Non so se in quel momento ero più curiosa di sapere chi fossero questi Marielitos o in che condizioni l'avrei riportata a casa. Comunque il primo dubbio, me lo tolse subito.

«Quando negli anni '80 vennero liberati i criminali del regime cubano, quei mascalzoni non ci pensarono due volte a scappare verso il sud della

Florida. E visto che partirono proprio dal porto di Mariel, furono chiamati Marielitos. Erano almeno 10mila, tutti neri, una mandria di criminali. Bel regalo di Fidel Castro vero?»

«Si Emy ma, scapparono perché in quegli anni l'economia cubana stava crollando. Tu cosa avresti fatto al posto loro?»

«Non me ne frega niente! Ci hanno rovinati!»

Le erano venuti gli occhi ancora più lucidi. Intanto, arrivò l'ennesimo Margarita. Io, che volevo palesemente evitare una discussione sui rifugiati cubani, la guardai facendo cenno di continuare.

«Quegli invasori si presero tutto. La droga cominciò a circolare come niente. E poi i rapimenti, i conti, le strade erano un vero inferno...».

Chinò poi la fronte verso il basso e arrossendo aggiunse «Ci finì anche Santiago in quell'inferno...».

Posò i gomiti sulle gambe e si portò le mani al viso.

«Emy non c'è bisogno che contin...»

«Si invece! Mi ricordi Melina. Ti voglio bene e ascoltami, non voglio che facciate i miei stessi errori!»

Le posai la mia mano sulla gamba, e lei continuò a raccontare.

«Santiago aveva detto che sarebbe durata poco. Avremmo messo su un bel gruzzoletto grazie allo spaccio e poi ci saremmo tirati fuori. Dicono tutti così quando iniziano. Non è vero. Non è mai vero. Iniziò a spacciare e a farsi anche lui. Diventò violento, prima con me poi anche con Melina. Io lo lasciavo fare, pensavo fosse un periodo. Quando smetterà con la droga smetterà anche di picchiarci. Ho resistito qualche mese, che divenne un anno, poi due. Fino a che un giorno, mentre ero in cucina a preparare la cena a Melina lui entrò, urlando come sempre, sbraitando, sbattendo le porte. Aveva gli occhi di fuori, ero di spalle ma quello sguardo ormai lo conoscevo bene. Mi bastava il rumore dei suoi passi pesanti per immaginarlo. Lo sentii avvicinarsi e prima di prendermi le ennesime botte, mi girai con il coltello con cui stavo cucinando e lo colpii.».

In quel momento realizzai tutto. Capii perché Melina non fosse più con lei, perché girava tutto il giorno, e che forse quei pattini oltre che una passione erano anche uno sfogo. Ascoltando Emy, conoscere quella sua vita nascosta, era come scoprire pian piano Miami. Lei era davvero come quelle spiagge da sogno. Alimentata dal sole, ma con improvvisi uragani.

«Emy vuoi un po' d'acqua?»

«No grazie. Ecco, bevo il ghiaccio sciolto del cocktail.».

Chiesi comunque un bicchiere d'acqua, che si scolò non appena lo portarono. A quel punto le chiesi se volesse essere riaccompagnata a casa. O se voleva dormire in college da me. Ma poco dopo fu lei a calmarsi e dire: «Ci facciamo una passeggiata?»

«Certo.».

I negozi della Lincoln Road nonostante fosse quasi mezzanotte erano ancora tutti aperti. Persino quelli di intimo, di telefoni, la Apple. Un via vai di ragazzi ovunque.

«Ila sai cosa vorrei?»

«Cosa Emy?»

«Due cose. Mia figlia, e la mia dignità. Mi condannarono a 8 anni di carcere per tentato omicidio. Quel pezzo di merda è ancora in giro. Non lo hanno mai preso. Io invece non ho più nulla. Mi hanno annullata completamente. Il carcere non è vero che ti riabilita: ti umilia, ti annienta, ti toglie ogni forza di volontà. E quando ne esci non sai davvero da dove ricominciare, da chi farti aiutare. Nessuno ti prende a lavorare, la fedina penale sporca è un marchio a vita. Sai qual è il problema?

Che viviamo in una società dove funziona che se sbagli, per imparare, devi soffrire. Dopo l'errore c'è solo la punizione. Questo ti insegna il carcere. E alla fine sai come va a finire? O che esci e torni a fare gli errori di prima. O che esci e impari a ubbidire non per una questione morale, ma perché se disubbidisci, ti aspetta l'inferno! Lì dentro ti trasformano in una macchina, costretta a lavori inutili come costruire scope a pochi centesimi l'ora. Poi quando esci, si aspettano che tu sia un cittadino modello. E non mi si venisse a dire i carcerati stanno meglio dentro che fuori! Ma mettetevi anche solo per un giorno nei nostri panni! Puniti, umiliati, chiusi in 2 metri quadri, senza poter sentire o vedere la tua famiglia, con le telefonate razionate a pochi minuti al mese. Trascinarsi a passo lento da un muro all'altro è l'unica cosa che puoi fare. Basta. Non puoi fare altro! Nulla. Non ci sono colori, non ci sono stimoli, non c'è musica, non esistono scelte, affetti. Ti passa anche la voglia di arrivare al giorno dopo. Questo ti sembra riabilitativo? Ma come dobbiamo uscirne da lì? Uno su cento tenta il suicidio ogni anno. Uno su dieci l'autolesionismo. Più di due terzi di quelli che escono commettono di nuovo reati. Ma insomma! Devo dirlo io che il carcere non funziona?»

«Lo so Emy. Non hai mai funzionato...»

«E sai perché la punizione? Lo sai perché la punizione e non la riabilitazione? Te lo dico io! Perché viviamo in una società che ancora si ostina a basare i suoi principi sulla religione! Tutto è basato sulla religione! E quindi il male si paga con il male. Occhio per occhio dente per dente no? Lo dice la Bibbia non lo dico io. E lo Stato si adatta, si conforma, si abbassa a questi principi invece di educare chi è disperato. Invece di rimediare alla deviazione. Invece di insegnare che nella vita si può fare altro oltre che uccidere o spacciare. Ma secondo te investono soldi per questo? Dove sono gli psicologi? E i tutori? Gli educatori? Oppure qualcuno si preoccupa di darci un lavoro dignitoso piuttosto che farci marcire in delle gabbie? Il lavoro è dignità! Ti riempie di responsabilità. Chi finisce in carcere non deve sparire dalla società, deve essere rieducato. E allora io dico, se ho sbagliato, va bene il carcere. Chi è pericoloso deve stare lontano. Ma non così. Non calpestando la dignità e ogni diritto. Non ci sto. La giustizia deve essere riparativa, non vendicativa! Ma d'altronde a chi importa? Noi siamo l'ultimo tassello della società. Quelli da gettare via. Quei pazzi da punire ed emarginare piuttosto che curare. Spero, prima o poi, in una rivoluzione. Quando si passerà dal principio di esclusione a quello di inclusione, da quello di individualismo a quello di solidarietà, cambieranno tante cose!»

«Emy, sono d'accordo con te. Ma voglio chiederti una cosa. Tutta questa umanità di cui parli, non pensi che avresti dovuto averla anche tu nei confronti dei Marielitos?».

Emy rallentò il passo. Dopo qualche metro si girò e guardandomi negli occhi disse.

«Sono propria una stronza...»

«Emy non sei una stronza. Purtroppo spesso guardiamo solo al nostro bene. E se lo fa un singolo, figuriamoci un'intera società. La discriminazione: questo è il problema. La discriminazione verso chi è diverso, verso chi scappa da un altro paese, verso chi commette errori. Io penso che dovremmo tutti essere più rispettosi, a prescindere da chi abbiamo davanti, che sia un amico, uno scappato di casa, o un condannato.»

«Credi che cambierà qualcosa?»

«Non lo so. Prima in molti paesi c'era la pena di morte. Poi hanno capito che era sbagliata. Magari un giorno, capiranno che la pena in generale è sbagliata.».

Finimmo la passeggiata in silenzio. Arrivammo fino sotto casa sua e la serata finì con un forte abbraccio e una buona notte più sentita del solito. Poi tornai al college.

A finire ormai, era anche la mia estate. Pochi giorni dopo tornai in Italia. Emy senza dirmi niente affittò una macchina per accompagnarmi in aeroporto. Prima di salutarmi mi diede una lettera.

«Ila tu che puoi contattare Melina su Fb o Instagram, vorrei che le scrivessi queste parole da parte mia. E quando le leggerai, falle un po' anche tue. Davvero per me sei come una figlia. E voglio il meglio per lei come per te. Fai buon viaggio.».

La lettera diceva questo:

Figlia mia, io ho sbagliato. Vorrei dirti che nella vita anche tu sbaglierai. Piccoli, grandi, tanti, tantissimi errori farai. Magari sbaglierai indirizzo all'università, sbaglierai l'esame della patente, o a passare la notte con un ragazzo che in realtà non ti piace. Sbaglierai un amore, due, tre, tanti amori. Perché l'amore, quello vero, si sceglie un po' con il cervello ma soprattutto con tanta passione, e lo imparerai con il tempo. Forse sbaglierai a correre troppo sul motorino, risponderai male a zia, alla professoressa, a una tua amica. Capiterà che penserai di fare la cosa giusta ma tutti diranno che è sbagliata. Può succedere che non avrai abbastanza coraggio per affrontare una situazione che ti va stretta. Per lasciare una persona che ti fa del male. Per abbandonare un lavoro che non ti piace. Sbaglierai e ci sarà sempre qualcuno attorno a te che giudicherà la grandezza dei tuoi errori. Ma non importa cosa diranno. E soprattutto non importa quanto grandi saranno i tuoi errori. Quello che conta è che tu, alla fine, riparta. E per farlo devi guardare dentro te stessa, perdonarti e andare avanti. Non ti auguro di non fare sbagli. Ma ti auguro un'infinità di ripartenze.

Ti voglio bene, la tua mamma.

Lessi quella lettera sull'aereo. Una, due, forse cento volte. Appena atterrata scrissi su Fb a Melina. Le spiegai chi fossi, come avessi conosciuto la sua mamma e poi le mandai la foto della lettera di Emy. L'originale l'ho attaccata in camera mia.

Sporcatevi di tante cose
Di colori ma soprattutto di sbagli
Cospargetevi di azzardi
Imbrattatevi di sole e di fiori ma anche di fallimenti
Macchiatevi di sventure
Le imperfezioni sono capolavori
Se impari a sporcarti dei tuoi errori
In un modo o nell'altro
Ne uscirai sempre pulito

LA PAURA È UNA PERDITA DI TEMPO

Cuba 2015

Più del mare caraibico, più di quelle case che sembrano disegnate con i pastelli, più del mojito al tramonto, quello che ti rimane davvero dentro di Cuba è la sua gente. Loro vivono a ritmo di musica. Prendono la vita come viene e sorridono. Ballano e cantano ovunque. Se si va al ristorante, anche nella baracca più povera dell'isola, a metà pasto ci si ritrova circondati da camerieri che saltellano tra i tavoli, cuochi che intonano canzoni popolari partendo sempre dall'intramontabile "Guantanamera". Senza poi neanche accorgerti ecco che anche tu sei lì in piedi a ballare con loro. E proprio in quella Cuba di odori, musiche, rum e umanità precaria ma felice, ho conosciuto Omar. Lavorava come animatore in un villaggio di Varadero. Chi arrivava lì per una vacanza, dopo neanche mezz'ora, lo conosceva.

Ogni sera, avvolto sempre in vestiti stravaganti, improvvisava spettacoli divertentissimi tra applausi e risate. Riusciva a farsi notare persino in quel paese dove nessuno, a modo suo, passa inosservato. Gentile, divertente, dispettoso, fra intervalli di assoluto egocentrismo. Eccome se lo era egocentrico: tutti i riflettori su di lui e le abat-jour per gli altri.

Quell'estate avevamo scelto Cuba con i miei, una meta di vacanza non poco simbolica. Mio padre, sinistroide fino al midollo, da sempre è fissato con Che Guevara, Fidel Castro, la rivoluzione, il sigaro, evviva il comunismo, abbasso il consumismo. Ricordo come mi guardò orgoglioso quando misi i fiori sulla tomba di Ernestino. Neanche alla mia laurea era così emozionato. Quel viaggio durò 15 giorni, volati, di cui gli ultimi 5 li passai nel villaggio di Varadero, appunto con Omar. Era sera. La prima sera di quell'ultima tappa per poi tornare a Roma. Avevo da poco disfatto l'ennesima valigia. Così decisi di fare un giro per scoprire cosa nascondessero quelle spiagge. Iniziai a vagare per il lungomare in solitaria. I miei erano già andati in qualche taverna a mangiare. Era buio in riva al mare, le uniche luci che illuminavano gli ombrelloni in legno e le sdraio venivano dai pochi locali lungo la spiaggia. Passeggiavo cercando di non bagnarmi i piedi. Guardavo a terra le onde muoversi sulla sabbia avanti e indietro e non mi accorsi subito di Omar, che forse per non spaventarmi, veniva verso di me piano piano.

«Hola!» mi disse una volta che mi si piazzò davanti. Con quel buio vedevo solo i suoi denti bianchissimi sorridermi e la camicia dello stesso colore dei denti. Aveva un buffo e storto papillon rosso sotto il viso. «Ciao!» risposi un po' spaventata da quell'apparizione.

«Oh parli italiano. Io parlo tantissime lingue, anche l'italiano. Che ci fai qui?»

«Niente, passeggiavo...»

«Così da sola? Allora ti faccio compagnia io!»

«Ma verament…» cercai di rispondere non so bene neanch'io cosa, ma Omar mi interruppe girandosi verso una delle sdraie: «Vieni sediamoci!».

Avete mai visto uno straniero gesticolare più di un italiano? Ecco, incredibile, ma esiste. Così muovendo le mani e le braccia da una parte all'altra, su quel lettino che traballava nella sabbia, mi disse che lavorava come animatore da 5 anni, parlava 7 lingue, e la sua bocca si spalancava in sorrisi spensierati mentre passava da un argomento all'altro. Aveva gli occhi che sembravano due macchie d'inchiostro nero, lucidi, con cui guardava prima me, poi il mare di fronte a noi, e di nuovo me. La serata volò via in un attimo. Verso le due, guardò l'orologio e zompò in piedi dal lettino, «Devo andare a fare le prove dello spettacolo di domani!» e aggiunse che ci saremmo rivisti il giorno dopo.

L'indomani mattina lo incrociai al bar mentre si scolava un caffè lunghissimo. Appena mi vide poggiò il bicchiere sul bancone: «Buongiorno! Dormito bene? Io ho un sonno. Dai su accompagnami a fare un tuffo così mi sveglio!».

Se anche avessi voluto, non c'era tempo di controbatterlo. Si girò allontanandosi dal bancone e facendomi segno di seguirlo. La spiaggia era a meno di un minuto dal centro del villaggio, e tra una nuotata al largo, il sole, il troppo caldo, passai tutta la giornata con lui. E anche quella dopo, e quella dopo ancora, fino all'ultimo giorno. Il pomeriggio organizzavamo partite di beach volley Europa contro America. Nella squadra Europa c'erano per lo più turisti danesi, italiani, francesi. In quella dell'America qualche argentino e alcuni degli animatori cubani, tra cui Omar. Ovviamente vincevano sempre loro. Chi perdeva come penitenza doveva bere birra fino a svenire sotto al sole. Omar nonostante vincesse sempre, non si sa come, finiva per ubriacarsi comunque. Le guance gli diventavano rosse e si notavano perfettamente nonostante la pelle nerissima. Poi correvamo a farci il bagno e quanto si divertiva ad andare sott'acqua e acchiapparmi le caviglie mentre ero di spalle. Io ho il terrore di fare il bagno in mare. Una fobia che da quando sono piccola, invece di migliorare, si è accentuata. Tutti mi chiedono: ma come, non insegni nuoto? Appunto. In piscina non ci sono mai stati pesci.

Quei giorni passarono velocissimi. E posso dire che tra partite perse a beach, bagni, birre e mojiti, imparai da quel pagliaccio così allegro una delle lezioni più importanti della mia vita.

Sapete, ogni viaggio, ogni persona, ha qualcosa da lasciarci. Ma sta a noi cogliere le occasioni. E per tutte le volte che dite un sì c'è la possibilità che qualcosa accada. Esplodete di curiosità. Non tiratevi indietro, d'altronde cosa avete da perdere? Io a dire la verità non volevo andarci a Cuba con i miei. Ero convinta che sarebbe stato noiosissimo. Quell'estate mi ero messa in testa di voler partire solo con i miei amici. Che vuoi che succeda di bello in vacanza con i genitori? Per fortuna all'ultimo cambiai idea.

Erano circa le 10 di sera, avevo finito di cenare e Omar era in pausa tra uno spettacolo e l'altro. Ero un po' malinconica, il giorno dopo saremmo tornati in Italia.

«Ehilaaa!» disse venendomi incontro mentre ero su una delle sedie in legno e paglia a bordo della piscina del villaggio. L'acqua era illuminata da tanti piccoli fari che contornavano la vasca. Omar si sedette di fronte a me e chiese: «Hai visto lo spettacolo? Tra poco ne ho un altro!»

«No Omar, già ti vedo tutto il giorno, ora anche sul palco basta per favore!» risposi ridendo.

«Hai ragione, vabbè dai ti perdono!».

Mi sorrise anche lui e poi si girò verso la piscina. Inclinò la testa, iniziando a fissare l'acqua e i riflessi delle luci colorate. Rimase per un po' a guardarli fino a che non gli chiesi:

«A che pensi?»

«Oh niente di che, a mio padre.». Era la prima volta che lo nominava. Sapevo cosa aveva studiato, la sua passione per lo sport e quella per le birre. Non era difficile imparare a conoscere i suoi sguardi, interpretare quei gesti scattosi. Ma della sua famiglia sapevo poco, solo che aveva molti fratelli. «Ti va di parlarne?», azzardai. Omar non rispose per qualche secondo. Poi, «Sai che era un medico? Ora sta male.

Ha il Parkinson e non può più lavorare ma è stato, anzi è un eroe...». Appoggiai il gomito sulla sedia e la testa sulla mia mano. Pronta ad ascoltarlo. «Papà ha passato una vita intera a contatto con la morte. Per questo non ha mai smesso un momento di ascoltare il piacere di essere vivo. Ci ha sempre insegnato ad apprezzare tutto. Dalla vita, a quei pochi beni materiali che la mia famiglia può permettersi. Si sa, il nostro non è un paese ricco. E anche quando in famiglia hai un medico, non sguazzi nell'oro. Ma mio padre, nonostante il basso stipendio, è sempre stato grato di aver svolto quel mestiere. Perché a Cuba, se ci sono due cose che tutto il mondo deve ammirarci, sono il sistema scolastico e la sanità. Hai mai provato a fermare un bimbo cubano e parlargli in inglese? Lo sanno tutti fin da piccoli l'inglese. Poi i dottori, sempre disponibili. Pensa che ci sono intere squadre mediche che vengono in ogni quartiere per i controlli generali a domicilio. Qui, per ogni donna incinta lo Stato garantisce fino a 12 visite mediche a casa durante la gravidanza. Noi siamo 9 fratelli. Praticamente ho visto più volte l'ostetrico di mia madre che i miei amici!» dice ridendo. Poi continua: «E mio padre fa parte di tutto questo. Sai quando mi sono accorto che era davvero un eroe? Aspetta, prendo due mojiti!».

Si alzò di scatto per andare verso il bancone e

tornò poco dopo con i due bicchieri in mano che gocciolavano. Le foglie di menta uscivano dal lungo bicchiere decorato con un delfino e la scritta del nome del villaggio. Si sedette di nuovo, mi diede il cocktail che posai sul tavolo, mentre lui si scolò il suo come fosse acqua. Poi riprese a parlare. «Ora ti racconto una cosa. Io non sono uno che si spaventa facilmente. Ne ho viste tante. Soprattutto quando si tratta di uragani e tempeste. Qui siamo abituati. Ma quando avevo otto anni, le immagini che vidi dell'uragano George che devastò i Caraibi non le dimenticherò mai. Case distrutte, corpi ritrovati persino sugli alberi, paesi interi senza elettricità per giorni. George si era spazzato via tutto. Era il 1998. Poche sere dopo mio padre ci disse che doveva partire. Partire? Ma per andare dove? Proprio in quel momento, dalla piccola radiolina che tenevamo sempre accesa, arrivò la risposta. **La voce del ministro Aviol Fleurant annunciò di una cooperazione tra Cuba e Haiti. Centinaia di medici e infermieri sarebbero partiti per Guatemala, Honduras e Haiti. Guardammo tutti mio padre che ci sorrise dicendo che avrebbe potuto scegliere di non andare. Avrebbe potuto rinunciare e rimanere a casa. Ma poi aggiunse che avere paura è una perdita di tempo. Avere rimpianti è la cosa peggiore che ci possa capitare. Quindi prima che la paura ci assalga, bisogna buttarsi a**

capofitto. Ricordo come fosse ieri quando partì. Ero orgoglioso e terrorizzato allo stesso tempo. Ogni giorno ascoltavamo quelle poche notizie che arrivavano in radio sulla situazione di Haiti. Piano piano il paese si stava ricostruendo. E il mio papà tutte le mattine si alzava per rimettere in piedi quelle vite fatte a pezzi. A volte penso che si sia ammalato da quando è andato in pensione. Persone così, quando smettono di rendersi utili, iniziano a morire dentro. Amava il suo lavoro più di ogni altra cosa. E ancora meglio della sua partenza, ricordo il suo ritorno a casa. Aveva così tante storie da raccontarci. Ad esempio le difficoltà nell'entrare a contatto con i pazienti: molti di loro non avevano mai visto un medico prima di allora. Soprattutto i primi giorni di soccorso fu un disastro, alcuni si lasciavano curare, molti altri neanche per sogno. Questo rallentava fortemente il lavoro dei medici. Di incidenti, racconta sempre papà, ne ha avuti a bizzeffe. Una volta mentre medicava una donna, il marito lo assalì perché stava toccando la sua ragazza. Era impossibile per loro concepire che veramente quei medici cubani erano lì solo per aiutarli. Gente abbandonata a se stessa dallo Stato che non conosceva le parole assistenza, aiuto, solidarietà. Dopo qualche settimana però la popolazione cominciò a capire. Iniziarono a fidarsi. E l'ospedale dove lavorava papà divenne un pollaio. Scarse strutture in muratura, tende allestite in fretta con materassi al posto dei letti, pochi strumenti e tantissimi feriti. Tutto era precario. L'arte di improvvisare era fondamentale. Lavoravano giorno e notte e papà racconta sempre di quanto avesse sete. Ma non c'era tempo di andare in bagno a fare pipì, quindi era meglio non bere. Poi quando si trattava di bambini, c'era bisogno della firma di un genitore. Ma se mio padre metteva in mano la penna a quelle madri spaventate, loro guardavano il foglio come a dire: e ora cosa devo fare? L'analfabetismo lì era altissimo. E così, anche una semplice firma era un traguardo. Oggi il loro paese è migliorato. Questo grazie anche al progetto cubano Yo Sì Puedo. In pratica il nostro governo ha preparato dei docenti da mandare in paesi come Haiti, Angola, Venezuela per insegnare a leggere e a scrivere alle popolazioni. Voi di rivoluzione cubana ne conoscete una. Ma ne abbiamo fatte tante e continuiamo a farle. La nostra nazione si estende ben oltre Cuba, raggiunge tutta l'umanità!».

Omar era fiero mentre raccontava. Era fiero del suo paese tanto quanto di suo padre. E aveva ragione. I cubani hanno tanto di cui vantarsi. Quelle piccole pecche però, non si possono nascondere.

«Si Omar, solo che, l'economia è quella che è. Non gira. Zero ricchezza. La libertà poi? Voi cubani non potete uscire dall'isola, per spostarvi da una città all'altra vi serve il passaporto. Non potete salire su una barca e andar via. C'è la fam...» Omar mi interruppe con una smorfia.

«Non lo dire! Qui nessuno muore di fame!»

«Nessuno muore di fame, ma la fame c'è. Altrimenti non ci sarebbe bisogno della Libreta, dai su!».

La libreta è una tessera con cui i cubani possono comprare cibo stanziato dallo stato. Omar sbuffò. Scansando forse un po' il pensiero che il suo fosse un paese così usato, conquistato, sfruttato, e che vive ancora nel sogno di una rivoluzione passata e con l'illusione della libertà. Ma non volevo continuare ad infilare tutto il braccio nella piaga, così gli chiesi qualche altro aneddoto del padre. Mi sorrise, pronto a ricominciare quando si bloccò, qualcuno lo stava chiamando da lontano.

«Ehi un momento, lo spettacolo! È il mio turnoooo!»

«Aspetta Omar, prima dimmi un'ultima cosa...», sapevo che quel discorso non si sarebbe mai più aperto.

«Come fate, nonostante tutto, ad essere sempre così felici e trovare la forza di aiutare voi e gli altri?»

«Lo hai detto tu poco fa. Non siamo ricchi. Anzi,

non abbiamo nulla, quando non hai nulla da perdere di cosa devi preoccuparti? Sei felice e basta. E quando sei felice hai la forza di fare tutto.». E corse via verso il palco.

Cavolo se aveva ragione. A smuovere il padre di Omar e tutti i medici cubani non erano i soldi, ma la passione. Non l'ho conosciuto suo padre. Però ho guardato e ascoltato attentamente suo figlio. E sono sicura di questo: la stessa passione che il padre metteva nell'aiutare gli altri, lui la metteva nel farli ridere.

Ma non è per tutti così. Troppo spesso leggo negli occhi dei ragazzi tanta delusione e nessun desiderio. Anime fredde, guidate da una società basata sulla convenienza. Nessuno combatte più per costruirsi un sogno, per difendere ciò che aveva sempre voluto. Cosa direste al bambino che eravate qualche anno fa se lo incontraste per strada? Tanti non avrebbero neanche il coraggio di guardarlo negli occhi quel bambino.

Se la musica era la tua più grande passione e sei finito a digitare cifre su un computer, be' qualcosa è andato storto. Ti sei spento. Questo ti porta anche a invidiare le persone, a odiarle. Perché se non fai ciò che ami ma sai che lì fuori c'è qualcuno che lo fa, magari perché ha avuto più coraggio di

te, allora ti logori la vita.

Non arriverà mai il momento giusto. L'universo non gira contro di noi, ma nemmeno si ferma ad aiutarci. Non esisterà mai la condizione giusta. Quel Momento Giusto porterà il vostro sogno con voi nella tomba. Non accettate niente senza passione. Cercatela sempre, ad ogni angolo. E se non doveste trovarla, nessuna banconota vi salverà.

Sveglia! Ci vuole passione in quello che fate. Tiratela fuori.

Non considerare follia
Le scelte insensate
Perché sono quelle che più hai fatto con il cuore
Non considerare follia
Avere la pelle d'oca
Piuttosto abbi paura di non riuscire più a sentirla
Non aver paura
Di danzare ad occhi chiusi
Non puoi cadere se quel posto lo conosci bene
Non aver paura
Di fare ciò che ti emoziona
Perché solo così non avrai rimpianti
Non trattenerti
Dal camminare sopra le nuvole
Perché lì vengono le idee migliori
Non trattenerti
Dal togliere i freni
Purché quella pista ti regali aria fresca
Però considera da folli
Vivere senza gioia, senza musica, senza coraggio,
senza impegno, senza passione

BIOLUMINESCENZA

Fort Lauderdale 2019

Era passato più di un anno dal mio viaggio a Miami. Avevo ripreso il mio lavoro a Roma: scrivevo per un giornale, il pomeriggio insegnavo nuoto ai bambini, la sera mi allenavo a pallanuoto. Insomma la mia vita di sempre, e non mi lamentavo di ciò che avevo. Io ho scelto quelle giornate, io me le godevo.

Il fatto è che, troppo spesso, alla mia testa capitava di andare al di là di quei momenti, che seppur belli, diciamocelo, erano un po' tutti uguali.

Le settimane passavano e io provavo a reprimere le mie fantasie di partire come si fa con uno starnuto in periodo di Covid.

Ma niente. Lavoravo e pensavo agli immensi grattacieli sull'oceano di Miami. Impressionanti, così alti che a guardarli ti dimentichi di come siano quelli nel resto del mondo. Mi capitava di ripensare al caldo insopportabile nelle strade, alternato alla gelida aria condizionata in ogni negozio. Alle ragazze sui pattini, alla musica nelle vie di South Beach, alle pizze giganti la sera. A volte mi mancavano persino gli hamburger.

L'America mi mancava. Non so per quale motivo. Ma non era importante saperlo. Così aspettai che arrivasse l'estate, comprai un biglietto di sola andata e preparai le valigie.

Bagagli, check-in, signorina apra lo zaino, come sempre. Rimetti tutto dentro, dov'è il gate? Trovato. Si parte. Direzione aeroporto di Miami, che conoscevo come le mie tasche. Sempre meglio partire da una base sicura per poi cambiare direzione.

L'aereo era gigante ma silenzioso. Ogni tanto poi, quel silenzio veniva interrotto dalla voce di qualche bambino. E anche io, mentre attraversavo l'oceano, mi sentivo un po' bambina. Ero talmente felice che persino il pranzo in scatola servito dalla compagnia aerea mi sembrò buonissimo. Finito di mangiare, mi si avvicinò uno degli hostess. Luigi, così c'era scritto sulla spilletta dorata che portava sul petto. Un uomo alto, magro e brizzolato sulla cinquantina. Sparecchiò via il mio vassoio con una sola mano, mi guardava con attenzione, poi mi sorrise, e con l'altra mano tirò fuori dalla tasca un cioccolatino al caffè.

«Grazie!» dissi allungando il palmo verso di lui.

«Sei di Roma vero?»

«Si sente tanto?»

Pensando mi avesse sentito parlare con qualcuno.

«Ora che ti sento parlare sì. Ma prima l'ho letto sullo zaino, Roma Nuoto. Io sono siciliano, di Agrigento, conosci?»

«Certo. La Valle dei Templi! I cavatelli al cartoccio! Il macco di fave!»

«Maccu! Si dice Maccu in siciliano!».

Rise e poi aggiunse:

«**Dove vai di bello sola soletta?**»

«**Non lo so. Non ho mete, se non l'aeroporto di Miami...**».

Ero partita per capire. Capire cosa mi mancasse dell'America, o forse solo capire me stessa. Ogni viaggio ti leva un dubbio, qualunque esso sia. Quindi no, non avevo mete, ma solo voglia di qualcosa di anomalo e fuori dall'ordinario.

«**Posso consigliarti un posto?**»

«Certo!» risposi annuendo.

«Fort Lauderdale. Una piccola Miami ma più tranquilla. Poche strade e tanto mare. E il mare ha tante spiegazioni.». Non risposi. Rimasi in silenzio perplessa. Ma comunque quella frase bastò per convincermi. Fort Lauderdale sia.

Atterrammo dopo 14 ore. La piccola città sul mare a nord di Miami, consigliata dal saggio uomo del cioccolatino, distava circa un'ora di bus dall'aeroporto. "RedCoach, Affordable and comfortable Florida luxury bus travel": era la frase che occupava in orizzontale l'intero autobus di color rosso. Venti dollari se devi arrivare fino ad Orlando. Quindici dollari per le fermate prima, tra cui la mia. Ma pagai comunque venti dollari, cinque li spesi in acqua e biscotti. A mani piene salii sul RedCoach che partì poco dopo. Più di 50 posti. Sedili neri. Vetri pulitissimi da cui in lontananza si vedeva il mare lungo tutto il tragitto. Cominciai a vedere sventolare la prima bandiera americana. Poi un'altra. E un'altra ancora. Loro sono così, gli americani. Mentre noi siamo tante patrie, tante lingue, idee e abitudini diverse: abbiamo gli italiani, i francesi, gli olandesi, i greci. Loro no. Loro racchiudono tutto nella bandiera a stelle e strisce. Non importa da dove vengono, sono americani. Ne vanno fieri. Non hanno bisogno di una pandemia per appendere la loro bandiera fuori la finestra. Perché l'America nasce da un desiderio: quello di fuggire, stabilirsi in un luogo ed avere una patria. Da sempre, chi viene qui, cerca questo.

Io invece cercavo solo un albergo, un bed and breakfast, qualsiasi posto per dormire mi sarebbe andato bene. Così appena arrivata pensai a come muovermi. Ma avevo tempo, erano ancora le 10 di mattina. Allora mi fermai al primo Starbucks che vidi. Presi un cappuccino. Sulla parete sopra le casse c'era disegnata un'enorme cartina con tutti i punti vendita della grande catena di caffè statunitense nel mondo. Rimasi incantata. Erano davvero tanti. Vi siete mai chiesti perché esistono tutti questi Starbucks? Saranno mica tutti come me? Indecisi. Non sanno dove andare e nel frattempo che l'idea arrivi si ordinano una tazza di caffè. Lungo, corto, schiumato, decaffeinato, con dolcificante, con latte scremato, con zucchero di canna. E alla fine bastano pochi dollari un bicchiere in mano e magari l'ispirazione la trovi pure.

Io però finì il mio cappuccino senza alcuna idea su dove poter dormire. Così per evitare di spendere altri soldi in caffè con l'illusione che mi piovesse dal cielo un B&B, decisi di uscire con il mio zainetto e il trolley. Costeggiai il marciapiede prima di arrivare alle strisce. Aspettai che scattasse il semaforo pedonale. Se dovesse capitarvi di fare una vacanza in Florida, sappiate che metà la passerete ad attendere i semafori che cambiano colore. Finalmente verde. Attraversai la strada e pum. In quel momento passò sfrecciando una macchina che per poco non mi investì: «Aooooooo!».

In America si diventa americani sì, ma l'accento romano non te lo leva nessuno. L'auto si fermò per poi tornare in retromarcia verso di me. Era una vecchissima Chevrolet Camaro color grigio, mi si accostò e si abbassò il finestrino. Conobbi così Manuel. Che anche se mi aveva appena quasi investita, fu impossibile non fare amicizia con lui.

Manuel è un francese che non c'entra nulla con i nostri stereotipi di francesi. Zero eleganza, anzi ama girare perennemente con la canotta, i bermuda e i calzini con le ciabatte. Odia lo champagne. Si lamenta se nelle case non ci sono i bidet. È un fan dei Gilet Gialli ma lui comunque non sciopera, lavorare è una grande priorità. Perché così può spendere fino all'ultimo centesimo per godersi la vita. Gentile e umile con tutti.

Così gentile che nel giro di mezz'ora mi ritrovai a casa sua con tutte le valigie. «Hai fame? Hai bisogno di asciugamani? Se vuoi ho anche la lavatrice.

Aspetta no, ho finito il sapone per i panni vado a comprarlo. Torno subito!».

Non ebbi neanche il tempo di rispondere che si chiuse la porta alle spalle. Così nel frattempo cominciai a girare in quella villetta a pochi passi dal mare. Non c'erano foto né sue né di parenti. Sedie ammucchiate in salone, la cucina sottosopra. Fuori al giardino una piscina, l'unica cosa pulitissima di quella villa. C'era il robottino che continuava a girare sul fondo portandosi appresso il lungo filo. Sulla destra della piscina c'era una tettoia dove erano parcheggiate cinque moto. Allora non vive solo? Avrà dei coinquilini? Attorno alla sua c'erano altri villini, si respirava aria di tranquillità. Aspettai Manuel sull'amaca a bordo piscina. «Eccomi sono tornato!». Bene, mi levai subito il dubbio, «di chi sono tutte quelle moto?»

«Mie. Di chi altro dovrebbero essere?». Ah, ovviamente lui non conosceva una parola di Italiano e io sapevo a malapena dire Salut in Francese. Masticavamo entrambi un buffo americano. Però, ci capivamo bene, soprattutto quando litigavamo.

«Scusa cosa ci fai con 5 moto?»

«Le compro qui e le rivendo in Francia al doppio del prezzo. Ti piacciono? Ne vuoi una? Te la spedisco in Italia se vuoi!»

«Mh no grazie, ma spiegami bene questa storia della rivendita...».

Passammo la giornata a parlare di tutto. Dalle moto, alle macchine ai camper. Il suo sogno era quello di comprarsi uno scuolabus di quelli gialli enormi, smontare tutti i sedili e renderlo vivibile. Poi parlammo di viaggi, film, Macron e Le Pen, ma soprattutto di cibo. La pizza: è più buona in Italia o in Francia? Domanda banale. Sì ma loro hanno il formaggio più buono. E allora noi il vino. Loro però il pane. E tra una discussione enogastronomica e l'altra ci venne fame.

La sera andammo a mangiare un super panino con non voglio sapere quante calorie da Shake Shake. Lì gli hamburger sono una garanzia, per non parlare delle patatine tagliate a zig zag. Chiunque da Shake Shake perderebbe l'autocontrollo.

Dopo quella prima sera, i giorni passarono tra nuotate nell'oceano, panini pieni di salse, bagni in piscina, corse sulle moto e continue discussioni su chi cucinasse meglio. Comunque voglio dirlo, era molto più facile fare un'omelette piuttosto che una carbonara quando al supermercato compri solo pasta americana. L'hobby preferito di Manuel era prendermi per il culo. Maionese nelle scarpe, gavettoni, scotch sulle porte dove puntualmente rimanevo impigliata. Io mi arrabbiavo, e lui si arrabbiava perché non stavo al gioco. Ma dopo pochi secondi mi abbracciava ridendo.

Iniziai quasi subito a lavorare per il suo negozio. Con i social sponsorizzavo la Croissan'Time, la French Bakery più grande e più buona della Florida. Lì discussioni sul cibo non ce ne erano. Ammetto che era tutto stratosferico. Quel posto non è un bar, non è una pasticceria, non è un pub. Ma nello stesso tempo è tutto questo. Vi spiego meglio, in America le Bakery seguono la regola dei 3 Times: morning, afternoon, evening. E per ognuno dei tre momenti vi propongono le loro migliori specialità. Dai caffè, ai sandwich, panini, hamburger, cheesecake, torte a tema per qualsiasi festa. E gli americani trovano sempre buoni motivi per festeggiare.

Il weekend non lavoravo, così un sabato mattina mentre ero a casa a farmi una doccia Manuel tornò prima del previsto dalla Bakery, spalancò la porta del bagno mentre ero ancora sotto l'acqua, e mi urlò «Sbrigati ti porto in un posto!»

«Cazzo ma vuoi bussare? Dove dobbiamo andare? Ma un po' di privacy? Sai che ti dico? Io non vengo!»

«Si ok ti aspetto in macchina.». Replicare alle sue richieste era impossibile. Certo. Non erano richieste erano ordini. In dieci minuti ero pronta. Uscì e salii sulla sua Chevrolet già accesa.

«Dove andiamo?»

«Goditi il viaggio che sarà lungo.».

Nove lunghissime ore nella macchina. Volevo ucciderlo. Spotify era la mia unica salvezza. Eminem, Tupac, Drake. E poi Bob Dylan, Rihanna, di nuovo Eminem. Madonna, Jay-Z, e finalmente sulle note di "We're far from the shallow nooooooow..." di Lady Gaga arrivammo. Io continuavo a non capire dove fossimo, sapevo solo che avevo fame ed era notte. «Ma non potevamo farlo domani questo viaggio? Ormai è buio cosa facciamo?»

«Non ho mai sentito una che rompe le palle più di te, forza vieni!».

Eravamo su un lungomare, sapevo solo questo. Camminammo un po' e poi cominciammo a scavalcare alcuni scogli. Io ero silenziosa, nervosa, stanca. Ogni due metri inciampavo. Ma cosa poteva esserci di tanto interessante nel pieno della notte?

Quando all'improvviso, ogni sensazione sparì lasciando posto solo allo stupore. Sapete cos'è la bioluminescenza? Ecco, prendete il mare, un po' di magia, e viene fuori uno spettacolo naturale in cui la scenografia è ai limiti del reale. Si tratta di organismi viventi che emettono luce convertendo l'energia chimica di alcune cellule in energia luminosa. Non si capiva dove finiva il mare e iniziasse il cielo. Sembrava un tutt'uno di stelle. Non c'era nient'altro attorno, tutta la luce veniva o dal cielo o dal mare. Muovevo la testa da una parte all'altra, fissavo l'acqua qualche secondo perdendomi nella luce, e poi mi rigiravo di nuovo. Non mi stancavo più di guardare. In quel momento avrei voluto raccontare al mondo cosa avessi di fronte. Ma dissi solo «Grazie...» guardando Manuel.

«Insomma? È stata così una cattiva idea fare nove ore di macchina?»

«No dai.»

«Già... Le novità non sono mai una cattiva idea!»

«Manu, non te l'ho mai chiesto. Ma tu come ci sei finito qui?»

«In macchina con te.»

«Dai! Qui in America intendo. Perché sei andato via dalla Francia?».

Rimase in silenzio per qualche secondo. Non arrivava altro suono che quello delle onde. Poi si sedette e fece cenno di sedermi sullo scoglio accanto a lui. Iniziò ad uscire dalla sua bocca un mare di parole. Una storia che non meritava di essere solo bisbigliata in una notte tra gli scogli per poi essere dimenticata lì. Per questo voglio raccontarvela.

«Volevo cambiare me stesso. E fra le tante cose ho cambiato anche paese. Sai, fino a qualche anno fa guidavo i tir a Parigi. Tutti i giorni le stesse strade, conosco ogni singola via di quella città. Pizza e birra Heineken erano la mia pausa pranzo. Poi ripartivo avanti e indietro chilometri e chilometri. Pesavo ben 130kg. Hai capito bene. Not so good per uno alto 1.70. Un giorno staccato da lavoro raggiunsi alcuni amici in birreria. Al ritorno, avevo sonno? Avevo bevuto troppo? Non ne ho idea. So solo che distrussi la mia macchina in un incidente. Io non mi feci niente di che. Per fortuna neanche l'altra macchina. Ma quei pochi secondi mi bastarono per capire che sarei potuto morire così, da un momento all'altro. Fu uno shock. Ricordo che mi si era fermato il cuore per lo spavento. O forse no. Per la prima volta lo sentii battere davvero forte. Per così tanto tempo avevo vissuto con quella sensazione di tranquillità, monotonia, giornate una uguale all'altra, che mai mi capitava di vivere un'emozione. Bella o brutta che fosse non sia. Un'emozione. La mattina mi sedevo su quel camion, allacciavo la cintura di sicurezza, e andavo verso… verso cosa? Io non avevo bisogno di una cintura di sicurezza. Al contrario, mi serviva essere catapultato, lanciato, svegliato da quel sonno. E quando me ne accorsi, quando mi svegliai grazie a quell'incidente, allora è lì che guardai dentro ogni millimetro di me stesso. Solo che, dentro di me, vidi il nulla. Nessuna passione. Nessun obiettivo. La mia vita non mi stava portando da nessuna parte. E dopo quell'incidente ormai avevo perso anche quel poco che avevo. Addio patente, addio lavoro, addio tutto, quelle ore che passavo dentro al mio camion erano l'unica cosa che avevo...».

Manu si fermò un attimo, riprese fiato e poi continuò.

«Sai a volte penso che la vita ci offra infinite possibilità di ricominciare lasciandoci alle spalle i nostri errori. Però dobbiamo accorgerci dove stiamo sbagliando. Avrei potuto tenere duro, aspettare qualche mese, rifare l'esame della patente e ricominciare a guidare tir dalla mattina alla sera. Ma non sempre tenere duro è la soluzione. A volte lasciarsi andare può essere il vero inizio. Così decisi di lasciar andare ogni cosa, il mio vecchio lavoro, il mio capo, la mia città, il mio incidente. I miei genitori all'inizio non la presero bene. Mi avevano già comprato casa lì in Francia. Avevano per me dei progetti e dei sogni meravigliosi: ma non erano i miei sogni. Anche gli amici pensavano di potermi aiutare trovandomi un nuovo lavoro, e di questo gliene sono sempre stato grato: ma non ascoltai nemmeno i loro consigli. Avevo una ragazza che mi giudicava con così tanta fermezza, dicendo che sarebbe stato meglio rimanere con lei, al sicuro. Ma al sicuro da cosa? Tutti, in un modo o nell'altro, prevedevano il mio futuro, tranne me. Io non avevo certezze, neanche una. Però decisi comunque di ascoltare la mia di voce, confusa, eppure con tanta voglia di scoprire altro. Allora decisi di partire...»

«E perché proprio l'America?»

«Sai, io penso che quando decidi di andare, non è mai un luogo che scegli, ma un nuovo modo di vedere le cose. L'America è il Paese delle opportunità, e io di quelle avevo bisogno.»

«E appena sei arrivato cosa hai fatto?»

«I primi sei mesi mi arrangiai tra un lavoretto e l'altro, non sapevo una parola di inglese. Ma sai, quando esci dalla tua vita di sempre, la tua città, i tuoi affetti, ti rendi veramente conto delle tue abilità, impari in fretta, ti adatti a ogni cosa, capisci che puoi fare tutto, ma davvero tutto. Iniziai quasi subito a lavorare alla French Bakery come panettiere, a nero. Se si rompeva qualcosa poi, passavo le notti ad aggiustarlo. Pian piano sistemai l'impianto elettrico, allargai la cucina, il capo si fidava sempre più di me. Solo io potevo entrare nel suo ufficio, sapere le entrate, decidere con lui gli stipendi dei cuochi, camerieri, nuovi e vecchi arrivati. Instaurammo un rapporto che andava oltre il lavoro. Ero diventato come un figlio per lui, e lui un padre per me.

Poi un giorno, mi disse che aveva una brutta malattia, senza dire quale. Ricordo che me ne parlò sorridendo, con gli occhi lucidi, e aggiungendo che non aveva figli. Capii subito. Stava cercando di dirmi che mi avrebbe lasciato tutto. L'azienda, la villa, quella vecchia Chevrolet Camaro che gli si fermava ogni settimana ma lui ci era affezionato e non voleva cambiarla. Prima di andarsene mi aiutò a prendere la cittadinanza americana.

Mi manca da morire. È grazie a lui che ora qui ho la mia vita, i miei sogni, il mio tempo, un patrimonio che mai mi sarei immaginato. **E spesso mi chiedo, se non avessi avuto il coraggio di lasciarmi ogni cosa alle spalle e ricominciare qui, oggi chi sarei? Tutti abbiamo bisogno di certezze certo; ma se non ti butti, dove pensi di trovare la tua occasione per essere felice?** Da solo impari a bastarti, ti sfami con nuove conoscenze, nessuno ti trattiene, esplodi in ogni cosa che fai. E questo non vuol dire tenere fuori da tutto i tuoi cari, i tuoi amici di sempre. Se veramente capiscono quanto tutto questo ti fa bene, condivideranno con te ogni momento felice. Chi ti ama solo da vicino, è un amore fragile, destinato a morire. Ila, promettimi una cosa...».

Il vento si era alzato quel poco che bastava a muovere le piccole luci del mare. Si agitavano tra un'onda e l'altra. Le vedevo con la coda dell'occhio, perché per tutto il tempo avevo guardato Manu, e continuavo a farlo, quasi incantata. Senza fare domande, come se ascoltare le sue parole potesse trasmettermi un po' del suo coraggio, della sua libertà, della sua disobbedienza e il suo modo di vivere.

«Cosa devo promettermi?»

«**Guarda oltre, in ogni cosa che fai. I tuoi genitori, i tuoi insegnanti, colleghi, ti faranno sempre mille domande. Lo fanno per il tuo bene. Stai studiando? Che lavoro vuoi fare? Hai mandato il curriculum?**

Non che siano domande inutili. Ma non è lì che devi cercare le risposte. Fatti domande insolite. Che musica ascoltano nei villaggi dello Zimbabwe? Che sapore ha il pesce del Mar Glaciale Artico? Che maschera userei se andassi al carnevale di Rio? Non sono stupidaggini. Questo è vivere, scoprire, andare oltre. Vedrai che lì, troverai anche le risposte alle altre noiose domande.».

Non dissi niente, lo abbracciai. Cominciava a fare freddo così andammo a mangiare un panino zozzissimo con una montagna di patatine fritte. Coca Cola zero, per sentirci meno in colpa. Dormimmo in un Bed and Breakfast orribile. Manu aveva i soldi per fare una guerra ma amava arrangiarsi come poteva. Il giorno dopo tornammo a casa. Mi portai dietro una delle serate più belle della mia vita. Dopo qualche settimana era già settembre e tornai in Italia.

Ogni tanto, ancora adesso, quando ci scriviamo Manu mi chiede: «Mi mandi la foto della suola delle scarpe?». E dopo avergliela mandata mi risponde con: «Brava! Mi sembrano belle consumate. Vuol dire che da qualche parte stai andando, spero oltre.»

Vale la pena
Lasciare tutto all'improvviso
perché solo così puoi ritrovarti
perdendoti negli angoli del mondo
Vale la pena
Affrontare dialoghi con sconosciuti
perché hanno più risposte di noi
Vale la pena
Ogni tanto dare i numeri
tanto poi i conti tornano
Vale la pena
Evitare la normalità
è nella tua follia
che devi stare bene
Vale la pena
Non stare con i piedi per terra
perché le gambe sono fatte per andare
e non per rinunciare
Solo così capirai che ovunque sei
Quello di cui hai bisogno sei tu

IL VAGABONDO

Sosùa 2018

Spiegatemi questo. Perché ogni volta che dobbiamo partire ci immergiamo in infinite ricerche su internet per scoprire ogni minimo dettaglio su dove siamo diretti: quanto dista l'aeroporto dalla città? Ma il fuso orario c'è?! Quale capitale scegliamo? Che poi chi l'ha detto che sempre le capitali vanno visitate? E così via a leggere commenti, pagine Fb, Instagram, siti di agenzie di viaggi. Praticamente sappiamo tutto già dalla nostra scrivania di casa. E con quella sicurezza, pianificato ogni dettaglio, quasi come dovessimo autoconvincerci a fare le valigie, prendiamo il nostro volo e tutto fila liscio. Poi una volta tornati c'è sempre qualche amico pronto a dirci «Si bello, ci sono stato anch'io!».

Ecco, questo lo odio. Odio quando mi rispondono così. Vuol dire che non ho visto nulla di nuovo.

Avete mai provato a viaggiare senza aspettative? Senza alcun piano. Non con l'intenzione di arrivare, ma solo assaporare la sensazione di andare?

Questo viaggio è stato diverso da altri forse proprio per questo: al mio rientro pochi conoscevano Sosùa, il piccolo villaggio sul mare nel nord della Repubblica Domenicana. Non è un posto per turisti. E dove non ci sono turisti c'è sempre più autenticità, niente di preconfezionato, le logiche del marketing non esistono. In una settimana mai ho visto un italiano, un francese, un tedesco. Solo Domenicani.

Come sono finita a Sosùa? Quell'estate la passai a Santo Domingo, ospite a casa di una mia ex compagna di pallanuoto, Julia, che per due anni aveva giocato in Italia per poi tornare nella squadra del suo Paese. Conoscere un luogo assieme a chi lo ha sempre vissuto è meraviglioso. Non ti senti affatto un estraneo. Vivi come loro, mangi come loro, ti vesti come loro, impari in fretta la lingua, le parolacce, i modi di dire e di pensare.

Durante quel mese ci fu una settimana in cui Julia aveva tanto da lavorare, così mi consigliò nel frattempo di andare qualche giorno fuori senza di lei. «Ti mando in un posto mozzafiato. Vedrai ti troverai benissimo!».

Mi accompagnò alla stazione dei cotral. Più che una stazione era una vecchia catapecchia con tanta fila e un mare di caldo. Il viaggio sarebbe durato 4 o 5 ore di pullman da Santo Domingo dritti fino a Sosùa.

«Mi raccomando per qualsiasi problema chiama. Il posto è bello ma non troverai turisti. Stai attenta. E prenditi la saponetta con internet non so se lì avrai il Wi-Fi.».

Da quando arrivai in quel paradiso terrestre sinceramente mai mi preoccupai se ci fosse o meno il Wi-Fi. Le onde del mare si infrangevano nelle piccole piscine idromassaggio costruite sulla scogliera. Quella stessa scogliera che pian piano si abbassava fino a diventare sabbia. Niente strade, solo acqua salata, ombrelloni di paglia, caldo e mai un filo di vento. Sono due le cose che non scorderò mai di quell'angolo di paradiso: il Lucky Seven e Giomar. Il primo era un cocktail, di un gusto che non ho mai più trovato neanche lontanamente. Non so cosa ci mettessero dentro, sicuro il rum, che lì scorreva come fiumi d'acqua. Poi il latte di mandorla, il latte di cocco, per il resto? Un mistero e tanto ghiaccio. Giomar invece: avete presente un mix tra Bob Marley e Johnny Depp su pirati dei Caraibi? Be' era lui. Mulatto, con dei rasta che gli arrivavano fino ai fianchi, un corpo asciuttissimo che a guardarlo potevi studiarci anatomia.

Lo conobbi il secondo giorno che ero al villaggio. Seduta sulla mia sdraia in legno sulla spiaggia, vidi Giomar lanciarsi all'indietro da uno scoglio mentre urlava e rideva da solo. Un tuffo di almeno 30 metri. Un pazzo pensai. Mentre nuotava verso la riva si accorse che lo stavo guardando. Così uscendo dall'acqua e sgrullandosi come un cane mi si avvicinò sorridendo: «Mamacita!».

Mi accorsi da vicino che aveva un dente d'oro. Che tipo buffo.

«Ciao!»

«Aaaaaaah italiana! Che ci fai qui?», chiese sorpreso nerl vedere in quel villaggio una non domenicana.

«Mi prendo una pausa dall'Italia.»

«E fai bene! Italia dove? Io ho un po' di amici, a Roma, Milano, Napoli...».

Neanche io che ci vivo ho tutti questi amici pensai.

«Ah si? Io sono di Roma!»

«Aaaah Roma Roma!», disse quasi urlando, «Bella veramente. Però anche qui eh. Ti piace? Se vuoi stasera ti passo a prendere con la bici ti faccio fare un giro!».

Non volevo essere scortese, ma non riuscii a trattenere una risata: «Ma come con la bici?»

«Ma che ti credi? È la Fat Bike. Quella con le ruote grandi!»

«Aaaah allora!».

Dissi sempre ridendo. Ma Giomar non si fece trovare impreparato.

«Anzi sai che ti dico? Aspetta. Ghaaaaaali!», urlò verso un ragazzo di colore a pochi metri da noi che giocava a pallone. «Stasera ci passi a prendere con il macchinone?». Guardai il suo amico Ghali, che continuando a contare i palleggi passandosi il pallone da un piede all'altro, senza neanche voltarsi per non perdere il ritmo, rispose di sì annuendo con la testa.

«Perfetto Mamacita. Stasera 23 qui fuori!». Non risposi, pensai solamente, che faccio vado?

La tutina che mi ero messa era una delle mie preferite. Lunga, larga, nera, elegante ma sobria. Stava bene anche con scarpe poco raffinate, visto che i tacchi non sono mai stati il mio forte. Alle 23 precise Giomar e il palleggiatore Ghali erano fuori al villaggio ad aspettarmi dentro un fuoristrada nero luccicante. Salii al volo dallo sportello posteriore. Mi salutarono entrambi solo con uno sguardo dallo specchietto, erano troppo impegnati a cantare per dire altro. Ghali fece una sgommata e partì con il sottofondo della musica latina. Neanche 3 minuti dopo si fermò davanti ad un locale sul lungomare. Luci colorate, ballerine ovunque, botole in legno come tavoli e panchetti per sedersi ognuno diverso dall'altro, il tutto un po' accroccato.

«Ma non potevamo venire a piedi?», chiesi non appena parcheggiati. Si fa per dire parcheggiati, visto che pensarono bene di buttarsi di fronte al pub con le due ruote davanti sopra il marciapiede e le due posteriori sulla strada.

«Ma sei pazza? Vuoi farti rapire il secondo giorno che sei qui? Fuori il villaggio non è mica una bella zona. L'abbiamo presa per te la macchina!» Non risposi.

Scendemmo dall'auto e scegliemmo un tavolino non troppo vicino alla cassa della musica. Ghali ordinò subito tre bicchieroni di Rum e Cola, senza chiedermi se mi piacesse. Ma per un Domenicano forse non è concepito che ad un essere umano non piaccia Rum e Cola.

Intanto che Ghali ordinava Giomar mi disse: «Ila senti questa. Ci sono solo due cose al mondo che calmano lo spirito umano. La seconda funziona davvero! Quali sono?».

Non feci in tempo a dire nulla che rispose Ghali al posto mio.

«La religione e il rum!»

«Ma doveva rispondere Ilaria! Lo so che tu la sai! Be' Ila ora lo sai anche tu. Quando ne hai bisogno prega o bevi rum! Io ti consiglio la seconda!».

Mentre Giomar mi dava saggi insegnamenti sulla vita, arrivò il cameriere con i tre rum e cola.

«Tenete ragazzi, volete già il secondo giro?», poi aggiunse guardando Giomar: «Senti e tu che fai? Riparti presto? Nuova meta?».

Giomar fece cenno di sì con la testa: «Come sempre amico mio.». Poi prese la cannuccia ed iniziò a girare il suo cocktail fissando il bicchiere.

«Che vuol dire nuova meta?" chiesi a Giomar mentre continuava a girare il cocktail assorto nei suoi pensieri, che interrotto dalla mia domanda, alzò lo sguardo e rispose: «Be' sono un vagabondo!». Non ho mai sentito risuonare una frase con tanta fierezza.

«Un vagabondo? E quindi dove vivi? E i soldi? Ma è una tua scelta?», ci mise un po' a rispondere. Ma quando iniziò a parlare, nella mia testa sparì tutto. La musica. I cocktail. Le voci. Le sue parole erano l'unica cosa che distinguevo.

«Diciamo che vivo ovunque e mi arrangio. Se è

stata una mia scelta? Bé direi di si. **Sai io vengo dalla Somalia. E per miracolo riuscii a studiare. Quando finii le scuole medie avrei dovuto scegliere: continuare a studiare o lavorare con mio padre. Finì che scelsi l'aeroporto. Per me mollare tutto non voleva dire rinunciare a qualcosa, ma conoscere altro rispetto a quello che sapevo avrei vissuto. Già dal primo mese in giro per il mondo capii l'importanza della mia scelta, e di cosa invece avrebbe comportato rimanere in Somalia. Avrebbe significato stare fermo. Fermo sulle mie posizioni, sui modi di pensare, rinchiudermi nei pregiudizi della mia religione. Avrebbe portatoto a non poter superare le frontiere, quelle della mente.** Viaggiare diventò allora uno stile di vita. Il difficile sta nel decidere di partire. Una volta che lo fai il resto viene da sé. È come una droga. Quando stai con i piedi a penzoloni ad aspettare il tramonto sul Grand Canyon capisci che nient'altro può lasciarti così senza fiato. Se passi una notte ad ammirare l'aurora boreale fidati che non ti penti di nulla di quello che hai lasciato dietro. Nuotando nel Blue Hole al Mar dei Caraibi circondato da coralli, squali, tartarughe, capisci che non ti serve altro per essere felice. Il bello sta nella novità. Arrivi in un posto e scopri nuovi suoni, ascolti lingue sconosciute, ti lasci avvolgere da nuovi odori, sapori, e ti senti la persona più fortunata al mondo. Ed io mi ci sento, perché cambio rotta ogni volta che voglio. Io trovo fatale conoscere ogni giorno il tuo itinerario. Ti svegli la mattina e sai già tutto: cosa farai, ogni orario, ogni luogo, ogni viso che incontrerai. Il fascino del vivere sta nel non avere una mappa. Anzi, l'ideale sarebbe averne una ma dove tracciare man mano i tuoi traguardi appena raggiunti, non gli orizzonti ancora da scoprire".

Gli dissi che tutto questo, agli occhi di molti, è una scelta coraggiosa. Ma lui scosse le spalle e mi rispose che invece quella di restare sarebbe stata una scelta coraggiosa.

«Mia sorella fu la spinta ad andare via. E sai perché? Perché lei rimase. Lei fu quella coraggiosa...», lo disse mordendo la cannuccia del cocktail che ormai era solo ghiaccio. Poi continuò.

«Quello che in altri paesi chiamano amore, dove vivo io, la maggior parte delle volte si chiama tortura. Mia sorella qualche anno fa rimase incinta di un ragazzo. Aveva 13 anni e nessuna intenzione di tenere quel bambino, di crescerlo, o anche solo di parlarne. Poco dopo lo disse solo a me. Sapeva che mio padre l'avrebbe costretta a sposarsi ancor prima che la pancia sarebbe cresciuta. Sapeva anche che fine fanno le ragazze madri senza un uomo nel nostro Paese. E purtroppo, lo sapevo bene anche io. Cercai in tutti i modi un medico disposto a farla abortire. Niente. Stupido io ad averci anche solo provato. **In un paese così selvaggio cosa vogliono saperne dei diritti di una donna? Dov'è la dignità di una persona quando non può scegliere nemmeno del proprio corpo? Dov'è il rispetto per lei e tutte quelle nella sua condizione quando vanno a fare la prima visita al feto e il dottore dice; ah non ha marito, allora è una prostituta. I medici devono fare i medici e i politici devono svegliarsi. E finché questo non cambia, io come tanti altri continueremo a scappare dai paesi come la Somalia.** Io sono una persona civile amo la libertà e non accetto tutto questo.».

Rimasi in silenzio. Quasi mi sentivo in colpa di avergli tirato fuori quel discorso. Un po' mi sentivo in colpa anche di essere nata in un paese dove ho davvero tante possibilità. Dove posso decidere. Ma soprattutto posso decidere senza essere lapidata per una scelta sbagliata.

«Vuoi sapere di più?», sbottò di nuovo Giomar.

« Il problema non sono solo quelle povere madri. Ma i figli! Schedati per tutta la vita come figli di una puttana. Mia sorella oggi è la madre migliore al mondo, io lo so. È una delle poche donne che si dà da fare e lavora, è un ottimo esempio per suo figlio. Ma lei per tutti è una puttana. Capisci? Lei!

Solo perché lavora e rifiuta un uomo! Mentre quelle che marciscono in casa e si fanno mantenere tra una pelliccia e un gioiello no, loro sono donne modello per loro. Spero che mio nipote possa presto scappare via.».

Gli occhi di Giomar, più parlava, più erano tristi. Così tristi che contagiavano ogni suo movimento. Aveva smesso di gesticolare, di mordicchiare la cannuccia, di fare qualsiasi cosa. Aveva smesso anche di parlare. Era assorto nei suoi pensieri e qualunque cosa pensasse, gli occhi lo tradivano, lasciando trasparire ogni emozione.

«Gio, mi dispiace per tua sorella, davvero. Come si chiama?».

Giomar accennò un sorriso: «Tisa, si chiama Tisa.». Poi tornò a fissare il tavolino.

Da donna, che vive in un paese dove l'aborto esiste da prima che nascessi, non potevo capire a pieno cosa vivesse Tisa. Non ci avevo neanche mai pensato che potesse accadermi una cosa del genere. E non parlo del rimanere incinta senza volerlo: ma dell'essere costretta a rinunciare a me per dare vita a una persona che non sarei pronta a gestire. Perché di questo si tratta: una persona. Un essere vivente che merita di essere voluto e cresciuto come si deve.

Ogni donna sul pianeta deve avere l'opportunità di poter correre in ospedale e interrompere tutto. Senza paura del giudizio di nessuno. Senza paura di provare dolore. Senza paura di un Dio a cui magari neanche crede.

E allora perché alcune donne hanno la possibilità di farlo e tante altre no? Essere mamma è e deve essere una scelta. Non una clausola. Non una punizione. Non una vergogna.

Giomar cominciò a giocare di nuovo con il bicchiere. Approfittai di quel suo cenno di vita per rompere il silenzio.

«Tutto bene Gio?»

«Lei meritava una vita normale. O almeno banale e noiosa. Ma comunque lontana da quel paese!»

«Ma ora non può andare via? Non può raggiungerti con il bambino?»

«Non lo farebbe mai. Gliel'ho chiesto centinaia di volte. Però di una cosa sono sicuro. Se lei assaporasse anche solo un'ora di libertà, non tornerebbe mai indietro. Mai. Ha solo paura. Ma la paura è stupida, ti fa perdere così tanto tempo. Lei a volte ci pensa a scappare. Poi viene assalita dall'indecisione. E non bisogna mai rimanere coinvolti nelle indecisioni quando si sta male. Bisogna osare. Io però non posso fare più di tanto. È lei che deve buttarsi. È lei la sua occasione. Io posso solo aspettarla in qualche angolo del mondo...»

«Magari sta aspettando che il figlio cresca un altro po'!»

«Non lo so Ila. Non lo so. Lo spero davvero anche io...». Bevve l'ultimo goccio di ghiaccio sciolto rimasto nel cocktail e poi aggiunse «Be' ora hai capito perché vago senza mai fermarmi? **Ho mollato il mio Paese non perché c'era qualcosa che non andava in me. Ma perché io non andavo bene lì. Non sono fuggito, ho solo fatto una scelta migliore. Lasciare ciò che non ti piace non è la fine di qualcosa, ma l'inizio di qualcos'altro.»**

«Te lo ripeto, per me sei stato coraggiosissimo. Ma ora come scegli dove vagabondare?»

«Non ho mete. Vado per il gusto di andare. Scelgo i luoghi per le ragioni più assurde: magari perché hanno un nome strambo o perché ci finisco per sbaglio. Sai, io immagino l'inizio di ogni mio viaggio come una gigantesca tela bianca, e il dipinto che farò può essere limitato solo dalla mia immaginazione!»

«E con i soldi come fai?»

«Negli anni ho imparato qualsiasi tipo di lavoro. Dal

lava piatti, all'animatore, all'insegnante di sub. Ad esempio qui a Sosuà ci sono finito casualmente circa un mese fa, ho conosciuto Ghali che mi ha dato lavoro al villaggio come bagnino in spiaggia. Il lavoro non è mai stato un problema, se sei sempre gentile, ti adatti e lavori bene, perché dovrebbero dirti di no? E poi lavorare è un altro modo per conoscere ancora più velocemente i ritmi, le curiosità, le abitudini del posto. All'inizio ti senti sempre un po' perso, ma poi capisci che quella sensazione è solo ciò che si prova quando stai imparando, stai crescendo. Una volta che ti senti sicuro di te allora, la sfida è finita. E allora si riparte all'avventura!».

Raccontando di nuovo della sua vita da vagabondo, gli era tornato il sorriso. Forse anche un po' di sonno. E sbadigliando mi disse: «Aaaaah mamma mia. Vogliamo tornare?».

Dopo avergli visto anche il pancreas con quello sbadiglio senza contegno, risposi sorridendo: «Certo andiamo.».
Tra un discorso e l'altro mi ero completamente dimenticata di Ghali, che non vedevo con noi da un bel po'.
«Gio ma Ghali dov'è?»

«Nooo non ti preoccupare! Quello rimarrà qui a ballare tutta la notte. Tanto ho io le chiavi della macchina!».

In meno di dieci minuti ero già di fronte la mia camera. Giomar mi salutò sulla porta abbracciandomi, sapendo che il giorno dopo sarebbe partito.

«Ila grazie, se domani non dovessimo incontrarci buona vacanza e buon ritorno!»

«Grazie a te Gio. E fai buon viaggio anche tu, qualunque sarà.»

«Lo farò! Ascolta, un'ultima cosa. Sei una donna. E per quanto l'Italia non sia la Somalia, vivi in un mondo fabbricato da uomini. Difenditi. Quando non troverai lavoro perché sei donna, fatti sentire. Quando ti diranno che già hai gli stessi diritti degli uomini, non credergli. Se utilizzano una parola fuori posto, non stare zitta. Perché la parola puttana esiste, l'insulto puttana al maschile no. Persino il linguaggio è confezionato su misura per noi. Non farti ostacolare da un mondo ancora così retrogrado.».

Giomar si allontanò nel lungo corridoio circondato dalle porte delle altre stanze ognuna di un colore diverso. Scese le scale e io entrai in camera.

Il giorno dopo, mentre ero a fare colazione, lo vidi da lontano andare via sulla sua Fat Bike con lo zainetto in spalla. Aveva di nuovo quell'entusiasmo che non scorderò mai e che un giorno, non troppo lontano, magari troverà anche sua sorella.

Giomar è una delle persone più felici al mondo. Vive senza rimpianti. Fa quello che sente, indipendentemente da cosa gli potrebbe accadere. L'importante è che nessuno al mondo gli imponga cosa fare.

Non ti adagiare
Che la felicità sai trovarla
Non lasciare nessuna radice in te
Urla di gioia
E non verso qualcuno che non la pensa come te
Lotta per i tuoi sogni
E non contro gli altri sgomitando
Guarda negli occhi tutti
Ma non farti carico dei mostri altrui
Ascolta chi vuole insegnarti
Ma metti in dubbio ciò che impari
Abbi paura ma fallo lo stesso
Trema e se ti rompi ricomponi i pezzi
Tira fuori tutto di te
Che quello che tieni è perso per sempre
Non ti adagiare
Se ti adagi lo capiranno
E chi vuole essere capito?
Noi in fondo vogliamo solo essere felici

BOMBARDAMENTI

Roma 2020

Ultima storia. Ultimo capitolo. Le pagine che ho scritto mi hanno tenuto compagnia in tutti quei mesi di quarantena. Da quando il virus aveva deciso di mettere la museruola al mondo, investita da un ciclone di emozioni, iniziai a fare l'unica cosa che potevo. Scrivere, scrivere, scrivere. Ero sommersa di appunti, frasi, ricordi di viaggi che permettevano alla mia mente di volare altrove. Questo libro è nato così: scoppiato come la pandemia da Coronavirus.

E pensandoci bene, contagioso non è una parola poi così brutta. È vero, il virus lo è. Ma anche le storie, quelle che ti rimangono dentro, lo sono. E dopo averti contagiato, ti proteggono. Basta ricordarle e loro ti suggeriscono come affrontare tanti momenti, anche quelli più brutti. Ti sono vicine prima di addormentarti. Ti tengono per mano e ti accompagnano tutta la vita.

In quest'ultimo capitolo ho deciso di raccontarvi la prima storia che ho incontrato dopo essere uscita da questa maledetta quarantena.

Un racconto che non ha avuto bisogno di alcun biglietto aereo per rimanermi dentro, che viene da piccole cose. Come una semplice passeggiata in centro, nella mia vecchia Roma di sempre, che oltre a regalarmi un altro ricordo da portare con me, ha rappresentato il primo passo verso la libertà.

Estate 2020: il paese si sta muovendo, i negozi pian piano riaprono tra distanziamenti e restrizioni. Era un sabato sera nel centro di Roma. Un sabato sera di un'estate strana, stranissima, fatta di mascherine, divieti, pochi abbracci ma parole in abbondanza. Parole dei telegiornali, dei genitori apprensivi, delle videochiamate dei nonni che hanno imparato ad usare lo smartphone.

Con tutti quei divieti, uscire e passare una serata fuori casa era una vittoria. Tanti ragazzi si riunivano per le strade a bere senza neanche bisogno di sedersi ad un tavolo. L'importante era ritrovarsi.

Ed io quella sera, avevo puntato uno dei quartieri più caotici della Capitale: Trastevere. Volevo solo stare in mezzo alla gente.

Non avevo calcolato però, che trovare parcheggio lì è un'impresa. Ma poi le strisce blu si pagano o non si pagano la sera? È possibile che posso girare il mondo tranquillamente ma non so leggere i cartelli stradali? Già. Dopo mezz'ora che giro finalmente trovo posto e mi addentro nei vicoli di quello spicchio di Roma genuina. Le voci risuonavano per tutta Piazza Trilussa. Le luci delle macchine sfrecciavano sul lungotevere e quelle dei pub illuminavano la serata. D'estate, la scalinata che porta fino alla fontana della Piazza, diventa il posto più ambito dove sedersi e consumare birre tra discorsi che si mescolano a risate.

Quella sera, essendo sola, trovai subito uno spazietto proprio sulla lunga scalinata. Da quell'ultimo scalino in alto da cui si vedeva l'intera piazza, mi guardavo attorno assaporando quel pizzico di libertà dopo mesi di quarantena. La capiroska alla fragola che mi ero comprata poco prima rendeva tutto quasi più piacevole, se non fosse che dal bicchiere di plastica mi gocciolava l'acqua lungo tutta la manica del giacchetto. Così mentre cercavo di asciugarmi con un fazzoletto trovato sparso nella borsa, venni distratta da qualcosa, o meglio qualcuno. Erano voci arabe. Alla mia destra si erano seduti tre ragazzi che parlavano tra loro. Cominciai a guardarli senza capire una parola. Ma ero così presa che non potevo fare a meno di fissarli. Notai che uno di loro, quello più vicino a me, aveva una cicatrice sulla guancia. E proprio lui, forse vedendo quanto fossi assorta da loro, si girò sorridendomi.

«Ciao! Capisci quello che diciamo?», mi chiese in italiano. Ed io, un po' imbarazzata risposi, «no no, scusa è che mi ero incantata.»

«Scusa di cosa?», rispose ridendo. «Comunque piacere, io sono Mehemet, loro sono Ali e Sayid.»

«Piacere, io sono Ilaria!»

«Stavamo parlando dell'università. Io ho appena finito di studiare legge, loro invece sono all'ultimo anno di economia.»

«Studiate qui in Italia?»

«Sì sì ora viviamo qui!».

Mehemet mi raccontò che tutti e tre, al contrario della maggior parte dei loro amici, erano stati fortunati a venire qui a studiare. Avevano potuto permettersi il viaggio e gli studi in Italia solo perché alle spalle avevano famiglie benestanti. Molto benestanti.

«In Libia non c'è una via di mezzo. O sei ricco, o sei un poveraccio che crepa di fame o nei bombardamenti.».

Nella sua famiglia erano in quattro, aveva una

sorellina più piccola che frequentava le scuole medie. Lei e i genitori avevano raggiunto Mehemet da poco a Roma, la mamma e il papà conoscevano bene molte lingue, così avevano trovato lavoro come guide turistiche in Vaticano. Mentre raccontava della sua famiglia sorrideva orgoglioso.

Sedeva su quella scalinata in modo buffo. Era magro, con le spalle larghe e talmente alto che per entrare su quei due scalini aveva le ginocchia quasi in bocca. I suoi piedi toccavano la schiena del ragazzo seduto sotto di noi. E Mehemet ogni tanto cercava di tirare indietro le gambe per non infastidirlo, ma sembrava inutile.

In quel suo modo goffo e divertente di fare però, non riuscivo a non avvertire un senso di malinconia. Quegli occhi scuri erano il ritratto dell'amarezza.

Tra una chiacchiera e l'altra mi chiese se fossi sposata. Io scoppiai a ridere. «No, qui in Italia è difficile che ti sposi a 26 anni. Tu?»

«Io lo ero.». Lo ero? Aveva solo due anni in più di me. Si era già sposato ed era già finita? Che parolona, matrimonio. Per quanto mi riguarda, la penso un po' come Massimo Troisi: lui non era contrario, ma diceva che un uomo e una donna forse sono le persone meno adatte a sposarsi.

La storia di Mehemet però andò diversamente. Loro non avevano litigato, non avevano divorziato, non si erano traditi, e forse mai avrebbero voluto. Volete sapere come andò? Io glielo chiesi, e seppur inizialmente la sua risposta mi lasciò senza respiro, mi aiutò a capire quanto siamo fortunati a poter bere un cocktail su una scalinata, a scegliere delle nostre giornate, a non dover combattere nessuna guerra. Perché diciamocelo: combattere un virus non vuol dire combattere una guerra. **Nella guerra si muore con i bombardamenti, si muore di fame, di sete, manca un tetto, non sai se vivrai l'ora successiva. Ma soprattutto: il virus ci è capitato, la guerra si sceglie di farla.**

Apparteniamo a una generazione che non ha paura di pronunciare la parola Guerra. Quando la gente muore in un assedio, in un attacco o con le armi chimiche, lo leggiamo sui giornali, lo vediamo in tv, scrollando su Instagram, ma non ne capiamo fino in fondo il significato. Non lo capiamo perché non lo viviamo.

Ma lui, nonostante lo avesse vissuto, continuava a non capire, perché è difficile dare un senso a ciò che non è razionale. E la guerra non ha nessuna logica.

La nostra chiacchierata andò avanti così.

«Come mai è finita? Vi siete lasciati?»

«No, lei si chiamava Hana, è morta in un bombardamento.».

Lo disse con una semplicità sconcertante. E io già non sapevo più come continuare quella conversazione. Ripetevo dentro di me che forse avevo capito male. Mi venne un magone allo stomaco. Lui intanto, non mostrava alcuna emozione.

«Un bombardamento devastante...» aggiunse.

«Posso chiederti come è successo? Dove?»

«Nel mio paese, in Libia. Come ti ho già detto, lì non esistono vie di mezzo. O sei fortunato o no. Io sono qui a parlare con te, quindi lo sono. I miei genitori mi hanno dato la possibilità di studiare e di venire qui in Italia a cercare, non lo so, tranquillità. Poi il lavoro si vedrà. Lei invece è stata tra quelli sfortunati. Mi manca. Ma sai noi siamo abituati a queste cose, alla morte. Soffriamo da sempre. La Libia è quel pezzo di terra che voi Italiani conoscete perché sapete che tutti scappiamo da lì. È vero scappiamo, ma abbiamo i nostri buoni motivi per farlo. Il primo è non fare la fine di mia moglie. È sempre stato così, siamo sempre dovuti fuggire. Dal dominio ottomano a quando gli schiavi di Tripoli venivano mandati in America. Dalle colonie italiane con Giolitti all'arrivo di Gheddafi. Poi la primavera araba, l'Isis, le guerre interne. Tante cose in Libia non vanno e non sono mai andate. Quando mi chiedono perché non torni al tuo paese, vorrei poter rispondere: magari. Purtroppo non posso. Però ho fiducia. Ho fiducia che prima o poi tornerà la pace. Come avevo fiducia quando a Sirte, nella mia città, sono arrivati i nostri soldati di Tripoli e hanno cacciato via a calci in culo l'Isis. Io vivo vicino la piazza di Zaffran, dove quegli infami taglia teste si divertivano ad impiccare le vittime e lasciare i corpi davanti ai nostri occhi per giorni e giorni. Questo è uno degli ultimi ricordi che ho di casa mia. Per questo voglio tornare lì, per avere nuovi ricordi ma stavolta belli. Ti sto annoiando?».

Continuai a guardarlo qualche secondo prima di rispondere. Annoiata? I miei occhi non avevano bisogno di risposta. Intanto Mehemet chinò la testa e mi accorsi che aveva anche un'altra cicatrice, dietro al collo.

«No che non mi annoi! Scherzi! E invece queste cicatrici?»

«Sono segni dei vari attentati: di cui ormai avevo perso il conto. La prima volta è successo quando avevo tre anni e ammazzarono nonno. Eravamo davanti ad una moschea, non volevano colpire lui, ma gli scambi di persona in quelle occasioni non erano una novità. Fu un cecchino a sparare: è il mestiere più schifoso che possa esistere. Con un fucile di precisione si nasconde e per ogni colpo fa un morto. Così neanche sprecano le munizioni. Lo fanno da lontano, quei vigliacchi. Dal binocolo inquadrano il viso di chiunque con estrema facilità. Vedono le smorfie, lo sguardo, il sorriso. E sparano. Nonno non sapeva di essere osservato in quel momento, voleva solo andare a pregare con la sua famiglia per poi rientrare a casa e mangiare tutti assieme, fino a quando il centro della croce del binocolo ha raggiunto la sua fronte e morì davanti ai nostri occhi. Non contenti, subito dopo fecero saltare una bomba e scappammo tutti via. Io e i miei genitori ci salvammo, con qualche ferita, e qualche cicatrice. Tu però, non vuoi sapere questo vero? Tu vuoi sapere di Hana, mia moglie...».

Sì, certo che volevo sapere di Hana. Volevo sapere tutto. Così annuì, e mi raccontò anche di lei. Più tardi quando mi avviai verso casa, ripensandoci, quasi mi sembrava di averla conosciuta. Me la descrisse con una tale attenzione da non lasciare spazio all'inventiva. Aveva appena compiuto vent'anni Hana. Occhi scuri ma abituati alla luce del sole. Perché in Libia il clima è influenzato dal deserto a sud del Mediterraneo e non scende quasi mai sotto i 15 gradi.

Faceva caldo anche quel giorno, l'11 Agosto 2016, quando a Sirte le forze dell'Isis furono smantellate dai soldati libici. Mehemet lo ricordava bene. «La notte che Hana morì fu un massacro. Raid aerei, spari, bombe. Fino a quando pian piano le bandiere nere dell'Isis furono appiccate dalle milizie libiche in segno di vittoria. Quando arrivò il sole, la mattina dopo, tutto procedeva come se nulla fosse. Fuori casa mia c'erano i resti di un tavolo bruciato e fatto a pezzi dai soldati che dopo la liberazione si stavano scaldando un thè. Un thè. L'amore della mia vita era morta e loro si facevano il thè. Non dovrei parlare così di loro, i nostri soldati hanno liberato Sirte e tante altre città. Però non dimenticherò mai quella calma che avevano e quel thè, mentre io morivo pian piano dentro.». Si fermò un attimo. Riprese fiato e continuò.

«Hana l'ho vista morire tra le mie braccia quella notte. Ci eravamo nascosti nel cortile di casa. La stringevo forte a me, gli spari erano fortissimi, un attimo prima mi guardava, era viva, e l'attimo dopo stava morendo. La schiena trafitta da una pallottola di fucile automatico, gli occhi sbarrati, la testa cadde all'indietro, il sangue in pochi secondi inzuppo' entrambi. Allora ho urlato. Non mi importava che avrebbero trovato anche me. Volevo solo morire insieme a lei. Gli spari continuavano, il rumore dei carri armati, tutto procedeva. Tutto tranne la sua vita. La sua vita si era fermata lì, accanto a me.».

Lo ascoltavo su quella scalinata senza sapere cosa rispondere. Avevo solo rabbia addosso. La rabbia per tutte quelle persone che pensano di poter giudicare chi arriva qui senza un permesso. Ma ci vuole il permesso per scappare dalla guerra? Ma cosa serve più di questo? Di cos'altro avete bisogno per capire che chi fugge ha tutto il diritto di farlo. Politici imbecilli che parlano di italiani e non italiani. Ancora c'è chi incita a rimandarli a casa loro. Ma rimandarli dove? Non è più lecito neanche difendersi? Sopravvivere? Mentre loro combattono davvero una guerra, voi, che squadrate da dietro i vostri tg di merda case che bruciano, bambini che muoiono, non avete alcun diritto di giudicare. Dovete solo fare silenzio. Chi di fronte alle guerre, alle stragi e le fughe non capisce, non lo considero un uomo, mi fa vomitare.

«Tutto bene?», mi chiese Mehemet.

«Sì scusa ero un po', ecco, turbata.»

«Mi dispiace non volevo appesantirti la serata...»

«Ma che dici? Dovresti andare in giro nelle scuole a raccontare la tua vita. Altro che libri di storia. Sai qui siamo tutti poco e male informati. E quel poco che sappiamo, lo ignoriamo. Vedere certe realtà dietro uno schermo non ci smuove abbastanza le coscienze. Sempre che ne abbiamo una di coscienza!»

«Perché sei così dura con il tuo paese? È normale non capire. Impari qualcosa soltanto quando la vivi.»

«Quindi dobbiamo essere bombardati per capire che chi scappa da paesi come il tuo ha il diritto di farlo?»

«Parli così perché a te piace l'Italia, vero? La critichi perché vuoi migliorarla. Però guarda anche la luce. Non dovrò mica essere io a paragonarti il tuo a molti altri paesi per farti capire quanto sei fortunata no?»

«Hai ragione, la sto facendo più tragica della tua storia.».

Mehemet rise, senza però cancellare la malinconia negli occhi. Poi guardò dalla parte opposta della piazza, si stavano avvicinando dei poliziotti.

«Eccoli, ora ci faranno alzare da qui.» Disse tirandosi su.

Come non detto. Tutti via, sono vietati gli assembramenti. Così una volta in piedi mi girai verso i tre amici per salutarli.

«Allora ciao Mehemet! Ciao anche a voi, è stato un piacere!».

Ali e Sayid mi fecero cenno con la mano e scesero le scale prima di noi.

«Ila io vado...», disse Mehemet scendendo di uno scalino, ma rimanendo comunque più alto di me. Poi aggiunse: **«Sai ho più o meno la tua età ma già ne ho viste abbastanza. Per questo una cosa voglio dirtela. Non ti auguro di avere una vita senza problemi, dove va tutto liscio, sarebbe anche noiosa. Però ti auguro di stuzzicare la vita quando lei stuzzica te. Battiti sempre e non lamentarti. Le cose spiacevoli accadono. Sta a te sbirciare oltre il male.».**

Mehemet mi salutò con una pacca sulla spalla e andò via. Lo guardai allontanarsi senza dire niente e poco dopo scesi anche io, cominciando a pensare, dove cacchio ho messo la macchina?

Ero felice, di nuovo. Per quanto quel racconto mi avesse scombussolata mi sentivo felice e fortunata. Fortunata perché nonostante sia dovuta rimanere mesi chiusa in casa, nessuno l'ha mai bombardata. Felice perché quella libertà che stavo assaporando, sapevo che presto sarebbe tornata a far parte della mia vita.

Ognuno di noi ha dei valori, delle convinzioni che definiscono il nostro essere e le nostre azioni. Per me, il più importante è la libertà.

Voi ci pensate mai alla vostra scala di valori? Fatelo, perché se non dovesse piacervi, potete sempre smontarla e ricostruirla.

Mettiamocelo in testa
La vita non va come vogliamo noi
Alcune cose ci piombano addosso
senza chiedere il permesso
Altre ce le ritroviamo tra le mani senza averle chieste
Ma in ognuna di esse sta a te
Sta a te buttarti a capofitto nelle tue paure
Sta a te rimboccarti le coperte
O scegliere di correre nella neve
Sta a te sorprenderti di ciò che non avevi programmato
E goderti l'inaspettato
Sta a te ballare sotto un ombrello colorato
E fotografare i riflessi del cielo nelle pozzanghere
Sta a te spettinarti i capelli e ridere dei venti sfavorevoli
Perché è lì che troverai la parte migliore di te

COSPARGETEVI DI AZZARDI, ESPLODETE DI CURIOSITÀ

Cospargetevi di azzardi, esplodete di curiosità. Non abbiate paura di conoscere. Mischiate la vostra prospettiva con tante altre. Perché a vivere solo attraverso la propria, si rischia di diventare disinteressati alla vita.

Vita che invece, va riempita di parole e di racconti, di segreti sussurrati e poi gridati. Va colmata di bei ricordi a cui aggrapparsi nei momenti no. Va scombussolata da giornate folli, persone diverse e lontane da noi.

Soprattutto dopo il periodo che abbiamo vissuto chiusi in casa, dove gli incontri e il nostro tempo sono stati così tanto negati, il concetto di libertà oggi mi risuona ancora più bello e forte.

La libertà di poter viaggiare, conoscere, scegliere,

pensare, ribellarsi. Perché in questa jungla d'asfalto, l'unica arma che abbiamo è imparare. Possono toglierci tutto, ma la conoscenza, la curiosità, la lettura senza pregiudizi, quelle no, rimangono la cosa più preziosa che abbiamo.

E così, il mio unico rimedio è andare. L'idea di stabilità mi spaventa. Non voglio certezze, voglio stupore. Voglio passare ore scomoda negli aeroporti, cambiare voli, ostelli, tende, macchine a noleggio, idee, regole. Voglio sentire le storie di tutti e farle mie. La storia di chi incontro dietro casa, come quella di chi vive dall'altra parte del mondo. Voglio stamparmele addosso. Tuffarmici dentro. Prenderle in prestito e poi raccontarle a tutti.

Perché quelli che oggi scagliano odio e intolleranza, sono solo adulti a cui nessuno ha mai raccontato storie.

Dediche

Le dediche le scrivo qui, a fine libro. Sono un po' una smanceria quindi chi vuole le legga, chi non vuole, io quello che dovevo raccontare l'ho detto.

Voglio ringraziare i miei genitori, che mai mi hanno vietato di saltare nelle pozzanghere. Anzi, ho sempre avuto gli stivali giusti per farlo.

Tutto quello che ho trasmesso e lasciato in questo libro è stato possibile grazie a loro. Grazie alla pazienza, all'amore e a volte anche alla paura con cui mi hanno cresciuta. Lasciarmi scorrazzare in giro per il mondo fin da quando ero bambina, prima su un camper assieme a loro, poi su aerei diretti ovunque, non è mai facile. Dedico a loro ogni singola lettera, ogni singola parola. A loro che continuano ad assecondare ogni mio sogno e follia.

Poi vorrei ringraziare mio fratello. Un teppista da ragazzino, ora un genio. Lui che di notte crea cortometraggi pazzeschi mentre gli altri dormono. Lui che è sempre andato male a scuola ma solo perché è un rivoluzionario: conosce qualsiasi libro, tranne quelli che gli impongono. Quindi caro Francesco, se ti va, leggi anche il mio, altrimenti ti vorrò bene lo stesso. Continua a fare sempre ciò che ti appassiona. E se un giorno dovessi trovarti davanti a un bivio, ricordati di scegliere le emozioni.

Non posso non dire un grazie di cuore a Federica per avermi disegnato la copertina più bella del mondo. Non avevo dubbi che, l'antifascista che ha sostituito le armi con le matite, avrebbe dato vita alle mie storie nel migliore dei modi.

Infine, grazie a Vincenzo e alla sua pazienza, costretto a impaginare il libro un milione di volte. Spera che questo sia il mio primo ed ultimo.

Dicembre 2021